SHODENSHA
SHINSHO

逆転大名　関ヶ原からの復活

河合 敦

JN129210

祥伝社新書

本書は、『関ヶ原　敗者たちの復活戦』（二〇〇九年、グラフ社）に修正を加え、改題し、新書版としたものです。

序　すべてを失った男たちの復活劇

関《せき》ヶ原《はら》の戦いは、徳川家康《とくがわいえやす》が豊臣《とよとみ》政権を強引に分裂させて引き起こした合戦である。

諸大名は、東軍（家康派）か西軍（反家康派）のいずれかに属し、関ヶ原合戦の前から各地で前哨戦《ぜんしょうせん》をおこなっていた。

天下分け目の決戦場となった関ヶ原では東軍が勝利し、すぐさま家康による西軍武将の処罰がはじまった。そして、西軍の大名は、原則的にすべて所領を没収され家をつぶされたのである。

そうした関ヶ原合戦の失領大名のなかで、後に大名として見事な復活をとげた男たちが、わずかながら実在していることをご存じだろうか――。

領地や城、財産をすべて奪われ、家臣団も離散し、ただの牢人に落ちた人間が、再び大名に成り上がるというのは、そう簡単なことではない。

なにゆえ彼らは、そうした奇跡を生み出し得たのか。

すべてを失ってもまた登ってくる人間とは、いったいどのような人たちなのか。

そのあたりのことを、本書では詳しく紹介したいと考えている。

「すべてを失ったときにこそ、人間の真価がわかる」というが、関ヶ原合戦における敗者たちの知られざる人間像に迫りたい。

家康によるすさまじい戦後処理

東西両軍の決戦場となった関ヶ原は、およそ四キロ四方の盆地である。周囲を低山や河川が取り囲む形状になっており、ここさえ押さえてしまえば東軍の西上は阻止できた。

そこで西軍は盆地を見下ろす高所に陣を敷いたが、東軍は敵の待ちかまえている盆地へなだれ込んでいった。こんな大胆な行動がとれたのは、家康が西軍大名の多くから寝返りの約束を取り付けていたからだ。

実際、戦闘に参加した西軍大名は半数以下だった。

九月十五日早朝からはじまった戦いは、当初、西軍が優勢だったが、松尾山に陣取る小早川秀秋《こばやかわひであき》の大軍が裏切ったことで、にわかに形勢が逆転し、わずか数時間で西軍の敗北に終わった。

関ヶ原合戦の戦後処理は、空前絶後といえるすさまじいものだった（8ページ表）。家康は、西軍に味方した大名八十八人の領地を没収し、五人の石高を大幅に減封《げんぽう》した。合わせて九十三人から取り上げた領地は、なんと、六百三十二万四千石を上回った。

このうち百五十万石を、家康は己の直轄地に組み込み、それまで二百五十万石だった徳川家は、四百万石という他大名の追従を許さない巨大勢力に成り上がった。

また、家康に属した豊臣系大名（外様大名）にも、信じられないくらいの大盤振る舞いをした。たとえば、福島正則《ふくしままさのり》は二十四万石から四十九万八千石、黒田長政《くろだながまさ》は十八万石から五十二万石、山内一豊《やまうちかずとよ》は六万八千石から土佐一国（二十万石）へと大加増してやっている（12〜13ページ）。ただ、こうした大名たちはいずれも、要衝地から辺地へと移動させられている。つまりは、敬して遠ざけられたわけだ。

敗者たちの末路は

一方、西軍の首謀大名の処分は、改易《かいえき》（領地没収）や減封だけでは許さず、その処罰は過酷を極めた（8～10ページ）。

西軍のリーダー的存在であった石田三成《いしだみつなり》を筆頭に、小西行長《こにしゆきなが》や安国寺恵瓊《あんこくじえけい》は、京都の六条河原で斬首に処された。家康は五奉行の一人、長束正家《なつかまさいえ》も殺害しようとしたが、彼はそれを察して自害している。

また、しばらく島津《しまづ》氏に匿《かくま》われていた五大老の宇喜多秀家《うきたひでいえ》はみずから出頭したものの、家康は彼を赦免せず、八丈島へ流し、そこで世を終えさせた。

そうしたなかで、本領を安堵された西軍大名もいる。

小早川秀秋を筆頭に、五奉行の一人前田玄以《まえだげんい》、鍋島直茂《なべしまなおしげ》、脇坂安治《わきざかやすはる》などだ。彼らはあらかじめ家康に内通したり、裏切りを約束した者たちだった。あくまでも事前に内応していることが大事であり、土壇場になって突然寝返った赤座直保《あかざなおやす》や小川祐忠《おがわすけただ》などは、容赦なく所領を没収されている。

ただし、西軍の総大将・毛利輝元《もうりてるもと》が百二十一万石から三十七万石に領国を減らされながらも、大名として存続することが許されたのは、従兄弟の吉川広家《きつかわひろいえ》のおかげだった。

広家は最初から家康に内通しており、関ヶ原合戦では約束どおり毛利軍を一兵たりとも合戦に参加させなかった。当初家康は輝元を改易処分とし、広家には二か国を与える決断を下したが、広家が自分の所領を毛利宗家の輝元に与えてほしいと哀願したため、その働きに免じて毛利家の存続を許したという経緯があった。

このような事情があれば別だが、原則、西軍大名はすべて所領を剝奪《はくだつ》されたのである。

このなかで、再び領地を得て復活した大名とは、どのような人物だったのか。復活の理由とは何なのか。

関ヶ原合戦における敗者たちの復活戦を、とくと御覧頂きたいと思う。

二〇一九年七月　吉日

河合《かわい》　敦《あつし》

家康による戦後処理　～主な武将たちの状況

●西軍の武将　石高の単位は万石。年代は一六〇〇年代、「本戦」は九月十五日の関ヶ原の合戦を指す。

【所領没収になった西軍の武将】

人名	旧領域地	石高	新領域地	石高	関ヶ原の合戦などでの動き
安国寺恵瓊	伊予のうち	六			西軍主力の一人。本戦では不戦退却。十月一日、六条河原で斬首。
石田　三成	近江佐和山	十九・四			西軍の中心人物。十月一日、六条河原で斬首。
宇喜多秀家	備前岡山	五七・四			西軍主力の一人。薩摩に逃れるが、〇六年、八丈島に配流。五五年、その地にて没。
大谷　吉継	越前敦賀	五			西軍主力の一人。関ヶ原で自害。
木下　勝俊	若狭小浜	六・二			家康に命じられた伏見城守備を放棄。のち京都に住み、長嘯子と号する。
小西　行長	肥後宇土	一二			西軍主力の一人。十月一日、六条河原で斬首。
真田　昌幸	信濃上田	三・八			上杉攻めに参加するが引返し、上田城で徳川秀忠らと戦う。子・幸村は大坂の陣で大坂入城、戦死。
長宗我部盛親	土佐浦戸	二二・二			安濃津城攻撃に参加、本戦では不戦退却。大坂の陣で大坂入城、一五年、斬首。
長束　正家	近江水口	一二			安濃津城攻撃に参加、本戦では不戦退却して水口城籠城、自害。
丹羽　長正	越前東郷	五			北国口を守備。のち豊臣秀頼に出仕。

前田　利政	能登七尾	二一・五			病と称して家康の命に応ぜず。
増田　長盛	大和郡山	二〇			合戦時には大坂城で留守居。武蔵岩槻に幽居。子・盛次は大坂の陣で大阪入城、戦死。
毛利　秀包	筑後久留米	一三			大津城攻撃に参加。
山口　宗永	加賀大聖寺	六			大聖寺に籠城、戦死。

【所領安堵された西軍の武将】

人　名	旧領域地	石高	新領域地	石高	関ヶ原の合戦などでの動き
島津　義弘	薩摩鹿児島	六〇			本戦に参加。〇二年、子の家久に所領安堵。
杉原　長房	但馬豊岡	二			田辺城攻撃に参加。北政所の従兄弟。
前田　玄以	丹波亀山	五			合戦時には大坂在城。家康にも誼を通じる。〇八年、子・茂勝のとき改易。

【所領削減された西軍の武将】

人　名	旧領域地	石高	新領域地	石高	関ヶ原の合戦などでの動き
上杉　景勝	陸奥会津若山	一二〇	出羽米沢	三〇	陸奥にて伊達政宗らと戦う。
佐竹　義宣	常陸水戸	五四・六	出羽久保田	二〇・五	上杉攻撃に参加せず在国。
毛利　輝元	安芸広島	一二一	長門萩	三七	西軍の盟主。合戦時は大坂在城、子・秀元を派遣。

【所領を一度没収されたが、後に復領した西軍の武将】

人名	旧領域地	石高	新領域地	石高	関ヶ原の合戦などでの動き
岩城　貞隆	陸奥磐城平	一二	信濃川中島	一	上杉攻撃に参加せず在国。一六年に川中島（現在の長野県下高井郡木島平村）を与えられる。
上田　重安	若狭・越前	一・五	安芸左西	一	小松で丹羽長重を援護。一六年に左西（現在の広島県大竹市小方）を与えられる。
木下　利房	若狭高浜	二	備中足守	二・五	北国口を守備。一五年に足守（現在の岡山県岡山市北区足守）を与えられる。
来島　康親	伊予風早	一・四	豊後玖珠	一	伊勢、志摩で九鬼守隆らと戦う。〇一年に玖珠（現在の大分県玖珠郡玖珠町）を与えられる。
新庄　直頼	摂津高槻	二・六	常陸麻生	三	伊賀上野城占拠。〇四に麻生（現在の茨城県行方市麻生）を与えられる。
滝川　雄利	伊勢神戸	二・七	常陸片野	二	神戸に籠城。〇一年（〇三年説もあり）に片野（現在の茨城県石岡市片野）を与えられる。
立花　宗茂	筑後柳川	一三・二	陸奥棚倉	一	大津城攻撃に参加。〇六年に棚倉（現在の福島県東白川郡棚倉町）を与えられる。二〇年旧領（筑後柳川）回復。
丹羽　長重	加賀小松	一二	常陸古渡	一	在国して前田利長と戦う。〇三年に古渡（現在の茨城県稲敷市古渡）を与えられる。

○東軍に内応した武将

【所領没収になった内応武将】

人名	旧領域地	石高	新領域地	石高	関ヶ原の合戦などでの動き
赤座　直保	越前今庄	二			本戦で内応。
小川　祐忠	伊予国分	七			本戦で内応。

【所領安堵・加増（移動も含む）された内応武将】

人名	旧領域地	石高	新領域地	石高	関ヶ原の合戦などでの動き
小早川秀秋	筑前名島	三五・七	備前岡山	五一	伏見城攻撃に参加、本戦で内応。
鍋島　直茂	若狭・越前	三五・七			子・勝茂を西軍として派遣。西軍敗北後は柳川城攻撃などに参加。
脇坂　安治	淡路洲本	三			本戦で内応。のち佐和山攻めに参加。

【所領削減された内応武将】

人名	旧領域地	石高	新領域地	石高	関ヶ原の合戦などでの動き
吉川　広家	出雲富田	一四	周防岩国	三	安濃津城攻撃などに参加、本戦では毛利隊を抑えて傍観。戦後は毛利家の所領確保に奔走。

●東軍の武将　関ヶ原合戦直後（一六〇二年くらいまで）の状態。

【所領加増（移動も含む）された東軍の武将】

人名	旧領域地	石高	新領域地	石高	関ヶ原の合戦などでの動き
浅野　幸長	甲斐府中	一六	紀伊和歌山	三七・六	岐阜城攻撃・本戦に参加。
井伊　直政	上野高崎	一二	近江佐和山	一八	軍監。岐阜城攻撃・本戦に参加。
池田　輝政	三河吉田	一五・二	播磨姫路	五二	岐阜城攻撃で高名。本戦では毛利隊などへの備えとして働く。
加藤　清正	肥後熊本	一九・五	同	五四	在国して筑後柳川城などを攻撃。三三年、子・忠広除封。
加藤　嘉明	伊予松前	一〇	伊予松山	二〇	岐阜城攻撃・本戦に参加。
蒲生　秀行	下野宇都宮	一二	陸奥会津	六〇	宇都宮に在城、上杉に備える。
京極　高次	近江大津	六	若狭小浜	九・二	大津に籠城するが敗北。
九鬼　守隆	志摩鳥羽	三	同	五・五	伊勢にて父・嘉隆らと戦う。
黒田　長政	豊前中津	一八	筑前福岡	五二	岐阜城攻撃・本戦に参加。小早川の内応に功あり。
真田　信幸	上野沼田	二・七	信濃上田	九・五	真田攻めに参加。父・昌幸の旧領などを加増。
伊達　政宗	陸奥岩出山	五八	同	六〇	上杉景勝と戦う。
田中　吉政	三河岡崎	一〇	筑後柳川	三二・五	岐阜城攻撃・本戦に参加。石田三成を捕える。

寺沢　広高	肥前唐津	八	同	一二	岐阜城攻撃・本戦に参加。
藤堂　高虎	伊予板島	八	伊予今治	二〇	岐阜城攻撃・本戦に参加。
鳥居　忠政	下総矢作	四	陸奥磐城	一〇	江戸城を守備。伏見に籠城。敗死した父・元忠の遺領を改められる。
福島　正則	尾張清須	二四	安芸広島	四九・八	岐阜城攻撃・本戦に参加。
細川　忠興	丹後宮津	一八	豊前中津	三九・九	岐阜城攻撃・本戦に参加。
本多　忠勝	上総大多喜	一〇	伊勢桑名	一〇	軍監。岐阜城攻撃・本戦に参加。次男・忠朝が大多喜を継ぐ。
前田　利長	加賀金沢	八三・五	同	一一九・五	在国して山口宗永・丹羽長重らと戦う。
山内　一豊	遠江掛川	六・八	土佐浦戸	二〇	岐阜城攻撃に参加。本戦では毛利隊などへの備えとして働く。

【所領安堵された東軍の武将】

人　名	旧領域地	石高	新領域地	石高	関ヶ原の合戦などでの動き
榊原　康政	上野館林	一〇			真田攻めに参加。
筒井　定次	伊賀上野	二〇			岐阜城攻撃・本戦に参加。
蜂須賀至鎮	阿波徳島	一七・六			本戦では毛利隊などへの備えとして働く。

『図説　関ヶ原の合戦』（岐阜新聞社発行）より

図版作成　J-ART

目次――『逆転大名　関ケ原からの復活』

第二章

ナンバーワンに執着した猛将

茶人武将 **上田重安**

第三章

武を捨て、風雅に生きる

歌人大名 木下勝俊

第四章
異色の復活大名たち

第五章　己の矜持を貫く

不敗の名将　立花宗茂

結 彼らが復活した理由とは

第一章　いぶし銀の粘り強さ

築城の名手　丹羽長重

わずか数年で石高が三十分の一に

もし中学校一年生で、いきなり県知事に当選したら、果たしてその子は任期をまっとうできるだろうか。

そんな愚問に答えるまでもないが、あえて言えば、それは絶対に不可能だと断言できよう。だが、ちょうど今から四百数十年前、そうした状況におかれた少年がいた。

それが本編の主人公、丹羽長重《にわながしげ》である。

長重の父親は、柴田勝家《しばたかついえ》とならぶ織田信長《おだのぶなが》の宿老、丹羽長秀《ながひで》である。豊臣秀吉《とよとみひでよし》はかつて勝家とこの長秀を敬愛し、それぞれから苗字を一字ずつもらい受け、姓を羽柴《はしば》と改めたことはよく知られている事実だ。

長秀は、十五歳のときから信長に仕え、その姪を妻とし、かずかずの戦功をあげて近江国佐和山《おうみのくにさわやま》城をまかされた。

とくにその業績として高く評価されるのが、安土《あづち》城の築城である。長秀は、安土城の総奉行として壮麗な城郭を創り上げている。安土城は、五層七重の天守閣を備えた大建築で、以後の城郭建築の手本となった。残念ながら本能寺の変の後に焼失し、幻

関ケ原合戦で失領したが、十万石の大名に返り咲いた丹羽長重（大隣寺所蔵）

の城といわれている。

　また、この頃になると、若狭国《わかさのくに》の支配を信長から一任された。佐和山一帯の五万石と若狭国八万五千石を合わせると、長秀の支配地域はおよそ十三万五千石ほどになろうか。

　だが、天正十年（一五八二）本能寺の変によって、丹羽長秀の運命は大きく変わった。

　このとき長秀は、四国を平定する勢いをみせる土佐の長宗我部元親《ちようそかべもとちか》を倒すため、織田軍の副将として、一万三千の大軍とともに大坂で渡海のときを待っていた。大将は信長の三男・信孝《のぶたか》で、同じく副将として蜂屋頼隆《はちやよりたか》、織田信澄《のぶすみ》がいた。

だが、大坂は京都と距離があまりに近かったため、本能寺におけるクーデターの衝撃がもろに伝わり、驚いた兵たちの多くが離散してしまい、とても明智光秀に立ち向かうだけの兵力が残らなかった。

しかも、四国平定軍の武将同士が疑心暗鬼におちいってしまう。

とくに副将として参加していた織田信澄は、光秀の娘を娶《めと》っていたので、彼が光秀に加担するのではないかと疑われることになった。疑念が確信に変わったのだろうか、長秀は大将の信孝と謀《はか》って、大坂城の千貫櫓《せんがんやぐら》にいた信澄を倒すことに決めた。

織田信澄は、信長の弟・信勝《のぶかつ》（信行《のぶゆき》）の子であったが、結局、明智光秀との内通の疑いにより、長秀と信孝に倒された。

しかしどうやら、信澄は光秀に与《くみ》していなかったようで、織田家の後継者争いの最初の犠牲者ではないかといわれている。

やがて羽柴秀吉が、中国地方からすさまじい勢いで引き返してくるのを知ると、長秀は、秀吉に頼んでその軍勢に加えてもらい、山崎の戦いで主君の仇討ちに参加することができた。

このため、秀吉に感謝した長秀は、織田家の家督を決める清洲《きよす》会議で、秀吉に味方をして三法師《さんぼうし》（信長の嫡孫）を後嗣《こうし》とすることに賛成している。

またこの会議の結果、長秀には以前からの若狭国のほか、近江国高島と志賀郡も与えられることになったのである。

翌天正十一年、賤ヶ岳《しずがだけ》の戦いで秀吉が柴田勝家を倒したときには、直接参戦はしなかったものの、近くまで軍勢を出し、勝家を牽制《けんせい》したことで、戦後、秀吉から勝家の旧領である越前一国と加賀国能美《かがのくにのうみ》・江沼《えぬま》郡を下賜《かし》された。つまり、これまでの支配地と合わせて、なんと百二十三万石の大大名になったのである。

かくして長秀は、柴田勝家の居城だった北ノ庄《きたのしょう》城に入ったが、以後は完全に秀吉の風下に立たざるを得なくなってしまう。

この頃から長秀は腹痛に悩まされるようになり、翌年の小牧《こまき》・長久手《ながくて》の戦いでは、自ら出陣できず、十四歳の嫡男長重がこれに代わって丹羽軍を率いて参戦している。

翌天正十三年四月十六日、長秀は五十一歳の若さで死去した。最後は、病死を嫌って自刃したとも伝えられる。
いずれにせよ、こうして若年の長重が百二十三万石を相続することになったのである。

この年、秀吉は、敵対する越中の佐々成政《さっさなりまさ》を攻撃している。この遠征に長重も従軍したが、家臣が軍令に違反したという理由で、秀吉に越前国《えちぜんのくに》を没収されてしまった。このため長重は小浜《おばま》城へ移ったが、天正十五年の九州平定の際にも同じように軍令違反を問われ、若狭国も没収され、加賀国松任《まっとう》四万石の城主に縮小されてしまう。
父の死後わずか三年もたたぬうちに、丹羽氏の領土はなんと、たった三十分の一になってしまったというわけだ。

領土だけでなく家臣も奪う秀吉

では、丹羽長重とその家臣団は、いったいどのような重大な軍令違反をしたのだろうか。

天正十三年の減封《げんぽう》では、家臣のなかに佐々成政と結んで秀吉を打倒しようという動きがあり、これを知りながら長重が黙認したことが問題になった。丹羽家の重臣長束《なつか》正家《まさいえ》は、逆臣を誅《ちゅう》することを進言したが、長重が耳を貸さなかったともいう。

また、重臣のなかに長重に対して悪口を言うなどの不敬行為があり、家臣の統制がとれていないことが問題視されたという説もある。

いずれにしても、佐々成政の越中攻めの失態を咎《とが》められ、長重は百二十三万石から十二万三千石の若狭国小浜城主にされてしまった。

一方、博識で智勇にすぐれ、算術も得意だった長重の重臣・長束正家はこのおり、独立の大名となり、秀吉の直臣に召し抱えられている。

天正十五年の九州平定における減封処分は、秀吉が豊前国へ侵攻した際、勅願所《ちょくがんしょ》の寺院で乱暴狼藉《ろうぜき》をはたらいた兵士があり、これを調べてみると、それが長重の士卒だったことが判明。激怒した秀吉によって松任四万石に移封されたのだと伝えられている。

なお、秀吉の直臣となったのは、長束正家だけではない。丹羽氏大減封の過程で上田重安《しげやす》、青山宗勝《むねかつ》、村上頼勝《よりかつ》、青木一重《かずしげ》、大島光義《みつよし》、溝口秀勝《ひでかつ》、酒井直政《なおまさ》、戸田武蔵《むさしの》守《かみ》、太田美作守《みまさかのかみ》など多数の武将が、秀吉に召し抱えられることになった。

とくに長束正家と溝口秀勝、村上頼勝は栄達し、正家は近江国水口《おうみのくにみなくち》十二万石を賜って豊臣政権の五奉行の一人になり、溝口秀勝の子・宣勝《のぶかつ》は越後国新発田《えちごのくにしばた》藩五万石を領することになった。また、村上頼勝は越後国村上藩主となり、十万石の大大名となった。さらにいえば、太田美作守の子、一吉《かずよし》も、のちに臼杵《うすき》藩祖となり六万五千石を領することになった。

長重の実父、丹羽長秀は、本能寺の変の際、十三万五千石程度の大名だった。そんな長秀に百万石以上の禄高《ろくだか》を与えたのは、そもそも秀吉であった。ただしこれは、自分の天下取りのために協力し、これからも右腕となってくれるであろう智将・長秀に対する秀吉のご褒美と期待だった。

だが、長秀本人はあっけなく死んでしまい、とても天下取りの役に立ちそうもない幼い長重が当主となったわけだ。だから、秀吉が百万石を没収するのは、ある面、仕方のないことだった。

しかしながら、丹羽氏の家臣団まで奪ってゆくのは、あまりにむごいやり方だといえる。

けれど、譜代の家臣をもたない庶民出身の秀吉は、天下人に成り上がる過程で、一から膨大な直臣団を創設してゆかねばならなかった。福島正則《まさのり》、加藤清正などは幼少から育てあげた例だが、このやり方では時間がかかりすぎる。

手っ取り早いのは、諸大名の家臣から有能な人材をスカウトすることだ。

有名な事例として竹中半兵衛重治《しげはる》がある。

秀吉がまだ織田家の足軽《あしがる》大将だったころ、軍師として有名な半兵衛を欲しいと思い、何度も屋敷を来訪しては口説いた。あまりにしつこいので「いくらで俺を雇うのか」と半兵衛が尋ねたところ、秀吉は己の俸禄全額を提示したという。あくまで伝承だが、そんなことを言われたら誰だってコロリと参ってしまうだろう。

スカウトした人物を厚遇する。それが秀吉の基本姿勢だった。このように移籍後の待遇が破格だったため、主家を乗りかえて豊臣家に仕えた輩《やから》も多かったのである。

合戦での前田利長との確執

さて、その後の長重だが、こうした冷遇を受けながらも、忠実に秀吉に仕えた。そんなまじめさが次第に評価され、秀吉もこの長重という青年武将に目をかけるようになった。

慶長三年（一五九八）には加賀国能美《のみ》・石川両郡を賜り、十二万五千石の小松城主に任じられたのである。

さらに朝廷の参議に叙され、豊臣姓を与えられるまでの信用を勝ち得た。すなわち、本能寺の変の頃の父親の禄高まで取り戻したわけだ。大したものである。

それから二年後に、豊臣政権が分裂し、関ヶ原合戦が勃発する。

結果的に丹羽長重の運命は、この戦いで激変した。東軍の前田利長《としなが》と戦ったことで失領するのである。

しかし、これはあくまで私の個人的な見解だが、丹羽長重は天下分け目の合戦で、前田利長にまんまとはめられたのではないかと考えている。そのあたりを詳しく解説しよう。

慶長四年八月末、徳川家康の勧めもあって、前田利長は領国の金沢へ戻った。同じく五大老の上杉景勝《かげかつ》、毛利輝元《てるもと》、宇喜多秀家《うきたひでいえ》も国元へ帰り、家康だけが大坂にあって豊臣秀頼を後見して政権を運営しているかたちになった。

そんな九月七日、五奉行の増田長盛《ましたながもり》と長束正家が家康のもとを訪れ、「金沢にいる前田利長が浅野長政や大野治長《はるなが》と示し合わせ、あなたを暗殺しようとしている」と密告したのだ。

この情報は、家康を大いに喜ばせた。

なぜなら家康は、政権分裂の引き金となる生《い》け贄《にえ》を探していたからだ。豊臣政権に逆らう悪将をつくり出し、幼君秀頼の名をもってこれを討伐し、己の武威を天下に示して諸将を従えようと考えていた。

その際、もし、強引な出兵に反発する輩が結束して刃向かってくれれば、これも倒して宇内《うだい》に覇《は》をとなえる。それが、家康の描いた天下人へのシナリオだった。その標的が見つかったのである。

家康は、さっそく加賀征伐を計画、利長と領地を接する小松城主の丹羽長重を招き、「利長が謀反《むほん》を企てている。すぐに国元へ戻って、前田家の動きを監視してもらいたい」と依頼し、吉光《よしみつ》の脇差《わきざし》を与えたという。

一方、家康の動きを知った利長は、まさかの事態に仰天し、すぐに重臣の横山長知《ながちか》（大膳）を上坂させ、弁解と謝罪につとめ、実母の芳春院《ほうしゅんいん》を人質として差し出した。これが、江戸に証人（人質）を送った最初だとされる。

また利長は、嗣子《しし》利常《としつね》の妻に徳川秀忠の娘・珠姫《たまひめ》を迎える約束を徳川家と交わし、家康の前に迷わず膝を屈したのである。

そこで家康は利長を許さざるを得なくなり、かわって翌慶長五年六月、会津の上杉景勝に叛意《はんい》があるとして、五万六千の大軍を引き連れて大坂を後にした。

通説では、あえて大坂を留守にすることで、石田三成らが挙兵するのを期待していたといわれている。そしてその期待どおり、七月二十四日、家康は下野国《しもつけのくに》小山《おやま》に在陣中に三成の挙兵を知った。

これより先、前田利長は会津方面へ向かうつもりでいた。家康から「北陸の諸将を率いて、越後津川口から上杉領へ攻め込んでほしい」と要請されたからだ。そこで利長は、周辺大名たちに家康の意向を伝え、出陣を促した。

ところが、丹羽長重だけが何度催促しても、それに応じようとしないのだ。

実は長重は、直接家康から自分のもとに出陣依頼がないのを不審に思い、前年、前田家を監視したことを怨んだ利長が、巧みに自分をおびき出し、殺害するつもりなのだと疑って拒絶したのだという。

本当のところはわからないが、そうこうしているうちに、北陸にも石田三成挙兵の情報が伝わってきた。

さて、そこで前田利長のほうは、七月二十六日に二万五千を率いて金沢を進発する。出陣に先だって軍議が開かれ、家康方（東軍）と石田方（西軍）のどちらに与《くみ》するかで議論がなされた。意外にも、この時点においても、前田家は去就に迷っていたのである。

このとき利長は、母が江戸に人質に取られているのを理由に、東軍への加担を家臣たちに納得させたようだ。

ちなみに、家臣団が動揺したのは、西軍の兵力が十万に達していたためだろう。これは驚異的な数であり、東軍のそれをはるかに凌《しの》いでいる。

西軍の実質的なリーダーである石田三成は、たかだか十九万石の大名に過ぎない。しかし彼は、中国の太守《たいしゅ》で大老・毛利輝元を盟主に担ぎ出し、五奉行たちに作成させた「内府ちがいの条々」を諸大名へ配布した。

そこには、理路整然と家康の非道が語られ、秀頼に対する忠義が説かれていた。これを読むかぎりにおいて、正義が三成側にあるのは明白だった。それゆえ、道義上、西国の諸将も同意せざるを得なかったのだろう。

前田軍は、去就が定かでない丹羽長重の拠る小松城を避け、大きく迂回して南へと進んだ。

そして、西軍の山口宗永《むねなが》の籠もる大聖寺《だいしょうじ》城を取り囲み、八月二日より総攻撃を開始した。城兵はわずか千人程度だったため、翌日、同城はあっけなく陥落、宗永父子は自害して果てた。前田軍は、さらに南進して越前国へ侵攻するが、五日、突如、金沢へ引き返しはじめる。この動きは、まったく奇妙というほかない。

利長は、家臣宛の書簡で「徳川方の伏見城救援のために出陣したが、八月一日に落城を知った。また、堀秀政《ひでまさ》から越後で一揆《いっき》が発生したというので撤収した」とその理由を述べている。

このほか、西軍の敦賀《つるが》城主・大谷吉継《よしつぐ》が、海路から金沢を急襲するという情報を得たため、急いで兵を返したという説も強い。

だが、出陣にあたっては万全な防備体制をしているはずであり、敵襲という風説により慌てて引き返すというのは、なんとも不自然なことである。

当時、東海地方以西では、多数を占める西軍が東軍の諸城を囲み、圧倒的優勢をみせていた。それに、東軍先鋒の福島正則、黒田長政《ながまさ》、池田輝政《てるまさ》、細川忠興《ただおき》らがまだ小山から反転して戻ってきていない。そのうえ八月一日、伏見城が落ちたのだ。

前田家の門閥・重臣層には、いまだ反徳川の空気が濃厚で、戦況が不利に進むなか、いったん金沢に帰城して情勢を静観し、御家存続に最良の道を選ぼうという意見が強くなり、当初の方針が変更されたのではないだろうか――。

ともあれ、利長は来た道を引き返すが、その際軍勢を本隊と別動隊に分け、本隊は小松城を迂回して金沢へ向かわせ、一方の別動隊は小松城の至近を通過させた。

その目的は、別動隊で丹羽氏を牽制して本隊を無事に金沢へ入れることにあったというが、その説はちょっと納得しがたい。

別動隊は小勢であった。これでは、相手に追撃してくれと言わんばかりだ。実際長重は、前田軍が攻めてきたと思い、自領を蹂躙《じゅうりん》して立ち去ろうとする前田軍（別動隊）の殿《しんがり》・長連龍《ちょうつらたつ》隊に襲いかかっている。こうして丹羽氏と前田氏は敵対関係に入った。帰城した利長は、金沢城に総構堀（城を囲んだ堀や土居などの要害）をつくるなどして防衛を固め、「近く小松城を落とすつもりだ」と東軍諸将に手紙で公言してみせたが、実際はまったく金沢城から動かなかった。

西軍についた真の理由

ここで、一つ疑問がある。

小松城主・丹羽長重は、通説のように、本当に西軍に属していたのだろうか。

後世に成立した『小松軍記』には、確かにそう記されている。

だが元来、長重は家康と親しい関係にあり、西軍の大聖寺城が前田軍に攻撃された際も救援に出向いていない。それに関ヶ原合戦後、長重は領地を没収されたが、その理由は「私の遺恨により、東軍の利長に戦を仕掛けた」というものであった。

つまり、本当は家康に加担しようとしたが、利長との確執からその態度を明らかにできぬうち、行きがかりで利長と矛《ほこ》を交えることになってしまったというのが、本当のところではないのだろうか。

いや、よく考えてみると、行きがかりではないかもしれない。

前田利長が仕掛けた挑発にまんまと乗ってしまった可能性が考えられる。

では、なぜ利長は、長重を挑発したのか。

もちろんそれは、丹羽氏とあえて敵対する状況をつくり上げることで、自軍が金沢に釘付けになってしまったように見せかけ、事態の推移を見守ろうとしたからにほかならない。

対して家康は、二万五千を擁する前田軍を東軍の先鋒と合流させ、美濃《みの》攻めに参加させたかった。このため、利長に出兵を促すとともに、丹羽長重に対し、前田家と講和するようはたらきかけた。長重とて、領内を蹂躙《じゅうりん》されたから応戦しただけで、家康と敵対するつもりはなかった。

だから、即座に要求に応じ、慶長五年八月二十二日、早くも和解する意思を明らかにしている。つまり八月末の時点で、前田軍はすでに出兵が可能だったのだ。

ところが利長は、九月十一日まで進発せず、関ヶ原合戦の本番にさえ間に合わなかったのである。

長重との和解が成立しそうになると、利長は出陣しない理由を、今度は弟・利政《としまさ》のせいにした。利政は、二十二万五千石を領する能登七尾《のとななお》城主である。当初は、兄に従って大聖寺城を攻めたが、その後、態度を硬化させ、美濃へ出向くことを拒んだのである。

『改正三河後風土記』によれば、利政は石田三成の密書を受け取り、大義を思って西軍に寝返ったといい、あるいは『象賢記略』では、妻が大坂で西軍の人質になっていたので東軍に加担できなかったと記す。

いずれにしても、利長はこのわがままな弟を説得するうちに日が経ってしまい、彼なしで出兵したのが九月十一日。ゆえに、「十五日の合戦当日に間に合わなかった」

と弁明したのだ。

もちろん本当は、利長が戦況の見極めを誤ったのだろう。ただ、勝敗がわずか数時間で決まると予測した武将は少なく、日和見《ひよりみ》としては、素早い行動といえるかもしれない。

いずれにしても、前田家にとって大失態だったが、家康は、北陸での利長の行動を評価し、戦後の論功行賞《ろんこうこうしょう》で、山口氏の旧領などとともに、没収した利政の能登四郡も下賜した。

これにより利長は、百三十万石の大大名になったのである。

歴史にifはないが、かりに西軍が勝利した場合、前田家はいったいどうなったろうか。

間違いなく西軍への加担を表明した利政は本領を安堵され、利長も「大聖寺城を攻めたが、その後、家康と断《た》って金沢で謹慎していた」と弁解すれば、許された可能性は残る。

このように前田家は、計算し尽くされた巧みな行動によって、天下分け目の激動期をうまく乗り切ったわけだ。

一方、丹羽長重は前田家の行動によって、その後激動の人生を送ることになるのである。

まさかの失領と復領

関ヶ原合戦の後、前田利長と丹羽長重は正式に和睦した。長重と利長は申し合わせて同道し、家康のもとへ出立した。

ところが、家康は利長だけに会い、長重とは対面しなかった。そして、家臣を通じて、「家康様は激怒しておられ、拝顔はかなわない。領地を没収する。謹慎せよ」と通告させたのである。長重にとっては、まさに青天《せいてん》の霹靂《へきれき》だったろう。

だが、これに抗《あらが》えるはずもなく、長重は追従してきた家臣たちに暇を遣わして小松へ返し、わずかの家来とともに京都の大徳寺《だいとくじ》で謹慎をはじめた。小松城は、家康の命により前田利長の接収するところとなった。

その後、長重は住居を山城の鳥羽に移して幽居していたが、翌年、徳川家の命令によって江戸へ下り、芝高輪《しばたかなわ》に屋敷をつくって隠棲した。

けれど家康は、息子の将軍秀忠に対し、「長重は、剛毅《ごうき》比類ない廉直《れんちょく》の士であり、その器量は父の長秀を超えている。たびたび家臣の奸計《かんけい》によって領地を失ったが、このまま謹慎をいたしているならば、良きにはからってやれ」と告げた。

そこで秀忠は、ただちに土井利勝《としかつ》を江戸に下向させ、長重に「遠慮せずに大身大名のごとき屋敷を造作して構わぬ」と伝えた。さらに慶長八年二月、常陸国古渡《ひたちのくにふっと》（現在の茨城県稲敷市古渡）に一万石を与えて大名に復帰させ、以前のように丹羽宰相という名乗りを許したのである。また、これより前、秀忠は長重の弟・長俊《ながとし》を徳川家の旗本に取り立てている。

『名将言行録』には、「小田原の役、家康、長重が年若して、能《よ》く衆を用ふるを見て、深く親まる。斯《かか》りしかば、秀忠には、長重と兄弟の約を結びしとぞ」とある。小田原平定のときに長重が年若くして大軍を巧みに指揮しているのを見て、家康がこれに感激して誼《よしみ》を通じ、息子秀忠も長重と兄弟の契りを結んだのだという。

そうしたこともあって、いったん長重を改易したものの、家康父子は旧交の誼のある長重に対して、好感や期待を持っていたのだろう。あるいは、丹羽氏が西軍に荷担したという疑いが、この時期に晴れたのかもしれない。

いずれにしても長重は、関ヶ原合戦後、比較的早く大名に戻ることができたのである。

復活を賭けた大坂の陣

慶長十九年（一六一四）、関ヶ原合戦から十四年の月日が流れ、長重も四十四歳になっていた。

この年、大坂冬の陣が勃発する。長重は、秀忠に従って大坂へ向かった。『二本松市史　第1巻』（編集・発行　二本松市）によれば、長重は「鉄砲六〇挺《ちょう》、槍《やり》五〇本、騎士二八人、歩行士四〇人を従えて参戦」したという。総勢で二百人程度だったようだ。

長重は、同年十一月二十三日、大坂城の東方を流れる大和《やまと》川南岸の鴫野《しぎの》方面に着陣した。方面軍の先鋒大将は上杉景勝隊五千であり、長重は堀尾忠晴《ただはる》と榊原康勝《やすかつ》ととももに後詰《ごづめ》をつとめた。ただ、長重は一万石という小禄だったので、上杉隊五千と比較すると、兵力はわずか二十五分の一程度にしか過ぎない。

上杉景勝は、周知のように関ヶ原合戦後、徳川に逆らったことを理由に、会津百二十万石から米沢三十万石に減封されてしまっていた。そんな景勝にとって、この戦いは徳川に忠節をみせる最後のチャンスだった。

着陣するとまもなく、家康から二十六日を期して鴫野《しぎの》砦《とりで》を占拠せよとの密命が景勝のもとに届いた。

よって同月二十六日未明、豊臣方の井上頼次《よりつぐ》ら二千が守る鴫野砦を上杉隊が急襲する。

上杉謙信の時代より勇猛を謳われた上杉軍団だけあって、見る間に井上隊を崩していき、あと少しで砦を占拠できるかに思えたそのとき、鴫野の危機を知った木村重成《しげなり》と後藤又兵衛《またべえ》が大坂城から大軍を引き連れて来攻したのだ。

そのため、形勢は一気に逆転、上杉兵は好餌《こうじ》となり、次々と討ち死にしていった。

それでも、景勝は退却しようとせず、味方に前進を命じ続けた。

これを見兼ねた徳川家康は使者を遣わし、すぐに撤収して後続の堀尾忠晴隊と交替するように勧めた。けれど景勝は、

「今朝より命懸けで占拠した場所を、どうして他人に譲ることができましょう」

と言い、聞き入れなかったのである。

しかし、このままでは全滅してしまう。そうなれば、徳川軍全体の士気にかかわるだろう。このとき、丹羽長重が自ら家康に申し出たのであろうか、景勝を説得すべく、直々に上杉本陣に赴いたのである。

が、そこで長重が見たものは、異様な光景だった。

床几《しょうぎ》に腰を降ろした景勝が、大坂城を睨《にら》み据えたまま身じろぎひとつせず、跪《ひざまず》いた左右の軍兵三百人も、やはりピクリとも動かないのである。乱戦で敵味方が叫びわめくなか、本陣は嘘のように静まり返っていた。

ときおり、『毘《び》』の文字旗が風にたなびくことで、かろうじて時間が流れているのがわかる。圧殺されるほどの重圧感だった。長重はあまりの威厳に、強い衝撃と感動を覚えたという。

景勝としては是非ともこの地に踏みとどまって力戦し、名誉を挽回したかったのだろう。もちろん、その思いは、長重とて同じだった。

結局、家康の度々の催促により、景勝はついに退却を決意するが、その引き際がこれまた見事だった。多数の鉄砲を一斉に放って威嚇《いかく》したうえで、にわかに軍を後退させ、素早く後続隊と入れ替わったのである。

こうして堀尾隊と丹羽隊が、戦いの最前線に躍り出ることになった。

長重は、自ら先頭に立って駒をすすめ、敵と矛を交えた。はじめは敵に押され、叔父の丹羽秀重はこの戦闘で負傷したが、やがて形勢は逆転し、敵が退却をはじめた。丹羽隊は激しい追撃を加えていったが、目の前の葦原《あしはら》がいかにも怪しい。

そこで長重は、「あそこに伏兵がいるかもしれない」と大音声で叫び、一斉に鉄砲を撃ち込ませた。すると、やはり葦原には兵が多数潜んでおり、彼らはたまらず逃げ出し、丹羽隊は全滅を免れた。

この戦いの後、いったん徳川と豊臣の講和が成立するが、まもなくして破談し、翌慶長二十年再び両者は矛を交えることになった。世に言う大坂夏の陣である。

長重は今回も大坂へ出陣し、五月六日、藤堂高虎《とうどうたかとら》、井伊直孝《なおたか》、榊原康勝、小笠原秀《ひで》政《まさ》らとともに方面軍を構成した。といっても、一万石の小大名ゆえ、引き連れた人数は五百人だったという。

しかし、高虎や直孝とともに軍の前線に加わり、吉田というところで豊臣方の木村宗明《むねあき》とぶつかった。

だがこのとき、若江方面において藤堂高虎隊が、豊臣方の長宗我部盛親《ちょうそかべもりちか》隊に苦戦していることを知る。すると長重は、叔父の秀重に励まされたこともあり、小勢にもかかわらず高虎の救援に駆けつけたのだ。

このおり秀重は、長重の馬に近づくや、馬上から長重の馬印を奪い取って肩にかけ、長重を追い抜いて真っ先に敵へ向かっていったという。万が一のときは、自分が長重の身代わりになって死のうという気持ちからだと思われる。秀重は、すでに七十を超えた老将であったというから、まったく大した武辺者《ぶへんしゃ》である。

五月七日、いよいよ最終決戦の日を迎えた。豊臣方の城兵はほとんど大坂城から出てきており、天王寺《てんのうじ》近辺で大規模な野戦が展開された。

長重もこの野戦に加わった。この日、長重は犀角《さいかく》の兜《かぶと》を身につけていたという。丹羽隊は小人数ゆえ、はじめから、備えを崩して乱れた敵兵を狙い打ちにする計画をたてた。

ところが叔父の丹羽秀重が、たった一騎で前面に広がる田圃を乗り越え、「当家に厚恩あるものは、我に続くべし」と叫び、敵兵が群がる中へ飛び込んでしまったのである。これに励まされるかたちで、丹羽家の猛者たちが次々と後へ続いていった。相手は毛利勝永《かつなが》隊だった。

結局、抜け駆けした秀重は、騎馬武者六、七騎に囲まれ、激闘の末討ち取られた。また、長重の家臣たちも各所で毛利方の兵と死闘を演じた。

このため長重の周囲には、わずか十二名の歩兵しかいなくなってしまった。これを見た毛利兵が敵将を討つチャンスとばかりに群がり襲ってきた。このとき長重は、迫り来る敵にどなりつけ、歩兵たちを叱咤しつつ、自ら敵中へ飛び込んでいった。

この反撃にたじろいた毛利の兵士たちは、闘わずして退却をはじめた。それを長重は、好機とばかりに追撃していった。同行する歩兵のうち、高橋小兵衛、宮本長右衛門、屋内佐右衛門、前川才兵衛らが粉骨してそれぞれ敵の首をあげ、合わせて十四の首級を得たのである。

明暗を分けた失領大名

ところで、天王寺の戦いにおいて、長重と鉾《ほこ》をあわせた毛利勝永も、実は長重と同じように関ヶ原合戦の失領大名の一人であった。

勝永は、勝信《かつのぶ》の嫡男として天正六年（一五七八）に生まれたが、父の勝信が秀吉に仕えて急速に栄達し、豊前国《ぶぜんのくに》規矩・高羽二郡六万石を賜り、小倉《こくら》城主となった。

しかし関ヶ原合戦の際、大友義統《よしむね》と結んで西軍方につき、家康方の伏見城を攻撃したため、戦後は領国すべてを没収され、土佐の山内一豊《かつとよ》のもとにお預けの身となったのである。当時、二十三歳だった勝永も豊前国内に一万石を与えられていたが、西軍として関ヶ原の南宮山《なんぐうざん》に陣を敷いたため、やはり父とともに土佐へ遷《うつ》された。

勝永は、高知城郭外の久万村に妻子と居住していたが、大坂の豊臣秀頼方から誘いがかかる。このおり、勝永は豊臣家の恩に報いるため大坂城へ赴きたいと思うが、妻子の行く末を考えて行動に移せず苦悩していた。

だが、とうとうある日、勝永は妻に、

「我が毛利家は、天下に武名をもって知られること六代になる。それなのに、こんな辺鄙《へんぴ》なところに流されて空しく朽ちるのは耐えられない。幸いこの度、大坂の役が起ころうとしている。私は主君秀頼公に味方して、汚名をそそごうと思う。しかし、私がここから脱出すれば、きっとお前たちを捕らえてしまうだろう。私はそれを憂いている」

と己の気持ちを吐露した。武士の家に生まれながら、自分の武勇を誇示しないまま田舎で朽ち果てるのは堪えられなかったのだ。

この心中を聞いた妻は「大丈夫たらん者が、妻子の情にほだされて武名を汚すのは、真に恥ずべきことです。速やかに土佐を出て、家名を再興してください。あなたが討ち死にしたことを知ったなら、私も海に身を投げて死ぬつもりです。勝利の暁《あかつき》には、再度お顔を拝することもできましょう」と気丈に答えたので、ここに勝永の意思は定まったという。

こうして参戦を決意した勝永は、土佐藩に「徳川方に属して武功を上げたい」と申し出、次男の鶴千代を人質に差し出して大坂へ向かった。このおり、嫡男の勝家も、密かに土佐を脱出して父と合流した。ただ、勝永の妻と次男は、勝永父子が大坂城に入ったことが判明すると、ただちに土佐藩に捕縛されてしまう。

土佐藩主の山内忠義《やまうちただよし》は、この経緯を江戸幕府に報告し、勝永妻子の処分について問い合わせると、意外にも徳川家康は

「大志を持っている男は、みんなそのようなものだ。だから毛利勝永の妻子は許してやれ。罰してはならぬ」

と回答したという。

そこで藩主忠義は、勝永の妻子を高知城に招いて厚遇したと伝えられる。

一方、大坂城に入った毛利勝永は、豊臣秀頼に厚く信頼され、大将の一人として五千の兵を付与された。

五月七日の天王寺の戦いは、本多忠朝《ただとも》隊が毛利勝永隊に攻め込んだことで、切って落とされたと伝えられる。

忠朝は、徳川四天王とよばれた忠勝《ただかつ》の次男だったが、大坂冬の陣で攻口《せめくち》の変更を願い出て家康の叱責を受けていた。そこで今回は、家康の信頼を取り戻そうと、天王寺周辺に陣を敷く毛利隊へ突撃を敢行し、武功をあげようとしたのだ。

このとき勝永は、冷静に敵軍の動きを観察し、すぐさま隊を左右に分け、本多隊を挟撃した。毛利隊に囲まれた忠朝は、自ら槍をふるって奮戦したが、全身に手傷を負い、ついに落馬して首をもがれた。

この勢いに乗じた毛利隊は、次に信濃国《しなののくに》松本城主・小笠原秀政隊へ攻め込み、秀政・忠脩《ただなが》父子を討つという見事な軍功をあげた。

さらに勝永は、部下に秋田実季《さねすえ》隊への攻撃を命じた。おそらく、この頃に毛利隊の一部が、丹羽長重隊と激突したと思われる。

この日の勝永は、銀の輪貫《わぬき》の前立の兜をかぶり、秀頼から賜った錦の陣羽織を身につけ、馬上で見事な采配をふるっていた。その鮮やかな指揮ぶりは非常に際立っており、後方にいた敵将の黒田長政は、「あの大将は誰だ」と側にいた加藤嘉明《よしあき》に尋ねた。

これに対して嘉明は、「貴殿はご存じなきか。あれなるは、毛利勝信が嫡男、豊前守勝永ぞ」と答えると、長政は「ついこの前まで子供であった勝永が…。さてもさても」と感歎の声を漏らしたという。きっと長政が会った勝永は、関ヶ原合戦前のあどけない少年だったのだろう。

いずれにせよ、大坂夏の陣における勝永の戦いぶりは、このように敵味方の耳目を驚かせたのである。勢いに乗った毛利隊は、とうとう家康の本陣まで到達した。

だが、わずかに真田幸村《さなだゆきむら》（信繁《のぶしげ》）の隊に遅れたようで、真田隊のために家康の旗本はすでに壊乱し、家康も本陣から逃げ去った後だった。

家康を救うべく大軍がやって来た。このため幸村が討ち死にすると、毛利隊も孤立し、まもなく徳川の兵が雲霞《うんか》のごとく襲ってくるようになった。

勝永は、この場で死ぬことは無益だと考えた。だから敵を巧みに防ぎつつ、撤退途中で藤堂高虎隊を撃破するなどして最後まで勇猛ぶりを発揮しながら、大和橋口から大坂城へと戻ったのである。まさにその活躍は、豊臣軍随一といってよいだろう。

さて、天王寺の戦い後、徳川軍は撤収する豊臣軍を追撃し、そのまま三の丸に乱入してきた。

このおり、内通者が大坂城三の丸の厨房に放火、この火が二の丸、本丸に燃え移った。このため豊臣秀頼は、実母の淀殿とともに、本丸の天守閣から山里郭《やまざとくるわ》へ避難した。

豊臣方は、家康の孫娘で秀頼の正妻であった千姫《せんひめ》を返還して、彼女に徳川方に秀頼母子の助命嘆願をおこなわせたが、その願いは聞き入れられなかった。

翌八日正午より、山里郭へ向けて徳川軍の一斉射撃が開始された。ここで秀頼母子は、やむなく自らの命を絶ったのである。このおり、秀頼の首を落としたのは、毛利勝永であったと伝えられている。そしてその直後、勝永自身も秀頼に殉じたのである。

丹羽長重と毛利勝永、同じ関ヶ原の失領大名ながら、その明暗は大坂の役によってはっきりと分かれた。

加増に次ぐ加増、しかし財政は逼迫

一方、長重の奮闘は徳川家に評価され、この日から一年半後の元和三年（一六一七）正月、長重は、立花宗茂《むねしげ》、細川興元《おきもと》、佐久間安政ら七人とともに将軍秀忠の「御《お》伽衆《とぎしゅう》」に任じられた。御伽衆とは、四人一組となり、隔日に将軍のもとへ伺候し、昼夜側にいてさまざまな逸話や回想談、人生訓などを紹介する人びとである。

ただ、これらの御伽衆はみな長重より年上で、信長時代から現役として戦場を疾駆《しっく》した名将たちばかりであった。そうしたなかに長重が加えられたのは、異例といえる。

以後、長重は隔日ごとに秀忠のもとへ出向き、武功談をはじめさまざまな物語をかたり、ときには秀忠の相談にあずかるようになった。

ところでこの時期、長重には盗難の相が出ていたようだ。長重が戦いを終えて江戸へ戻る途中、遠江国《とおとうみのくに》西坂駅の旅館に宿泊した。するとこのとき、宿に強盗が忍び入ったのだ。これに気づいた家臣の浅尾勘太郎、種橋孫三郎らが強盗と戦い、浅尾が強盗を討ち取ったものの、種橋は深手を負って死んでしまったのである。怒った長重は、盗賊の首六つを西坂町の場末に梟首《きょうしゅ》（木に掛けてさらす）したという。

さらに翌年四月にも、長重の御鷹匠町の下《しも》屋敷に強盗が忍び込んでいる。家臣の長屋茂左衛門がこの賊と戦い、手傷を負いながらも一人を討ち取ったが、残りは逃亡したという。そこで秀忠に謁見した際、長重がこの話をすると、秀忠は部下に賊を必ず捕縛せよと厳命、ついに全員が逮捕された。

「禍福《かふく》はあざなえる縄のごとし」というが、元和五年、長重は幕府から江戸崎（現在の茨城県稲敷市江戸崎）に一万石を加増され、古渡と合わせて二万石の大名となった。

さらにその二年後、またまた三万石を加増され、奥州棚倉《たなぐら》（現在の福島県東白川郡棚倉町）に五万石を領することになった。五十一歳のときのことである。

さて棚倉の前藩主は、第五章で述べる立花宗茂であった。長重は、宗茂が旧領の柳川を回復したあとに入ったのである。宗茂が住んでいた赤館《あかだて》の城は、戦国時代からの形態の館に過ぎず、五万石の大名が住むような立派なところでなかった。とても急増する丹羽氏の家臣団には対応できなかった。

長重は、わずか数年のうちに五万石の大身になったため、これを知って離散していた家臣たちが続々と帰還してきた。当時の軍役は一万石につき二百五十人程度であったため、それでも必要な人数に達せず、長重はさらに九十名にのぼる武士を臣として採用したのだった。

こうしたことから寛永元年（一六二四）、長重は幕府から城を新築する許可を得て、築城にとりかかった。実は長重は、非常に築城術にすぐれていた。先述のとおり（22ページ）、父・長秀は安土城普請の総奉行を拝命しており、長重はそんな父の遺臣たちから築城のさまざまなテクニックを教えられていたのかもしれない。

長重は、今までの赤館城は立地がよくなかったので、ここから南へ「九町半二十七間」ほど離れた近津明神《ちかつみょうじん》の境内を新たな城地に選定した。

ちなみに、明神の西側が急峻《きゅうしゅん》な丘になっており、守るに適した地であるとともに、神霊が鎮まる場所だったからと言われている。

ただ、昔からこの地に鎮座している明神の社を動かすことに、昔からの住民たちは難色を示した。

しかし長重は、明神別当の高松一族と話し合い、高松良篤を藩の家老に登用して遷宮を担わせることに決め、これに同じく家老の丹羽正次《まさつぐ》と大谷秀行を補佐させた。さらに普請奉行として新井右馬之助と豊田弥五右衛門を任命した。こうして築城工事が開始された。

ところが、まもなく長重は、また転封することになってしまったのである。寛永四年（一六二七）、六十万石を領していた会津藩主蒲生忠郷《がもうただ
さと》が二十六歳の若さで嗣子無くして死去した。このため、本来ならば改易となるところだが、その生母が家康の娘だったことで、忠郷の弟で上山藩《かみのやま》四万石を支配していた忠知が蒲生家を相続した。

しかし、六十万石から二十四万石に大減封《げんぽう》され、伊予松山へと移封《いほう》となった。

かわって蒲生氏の旧領には、加藤嘉明と丹羽長重が入ることになったのだ。

嘉明は会津四十万石、長重は陸奥国白川《むつのくにしらかわ》（白河）・石川・田村・岩瀬四郡のうち十万七百石を下賜され、白川を拠点とすることになった。すなわち領地が倍増したのである。

ただ、元和七年に領した奥州棚倉に築いた棚倉城は、このときまだ未完成であった。城は次の内藤信照《のぶてる》が棚倉に来たときに完成したとされる。

ともあれ、関ヶ原合戦で失領した丹羽長重は、己の才覚によって十万石を勝ち取ったのである。十万石の大名というのは、一二六〇～一二七〇存在する大名のうち、上位五

十番前後に位置する。つまり大大名といって差し支えないのである。

長重が大身となると、かつての旧臣たちがまた集まってきた。さらに減封された蒲生氏の旧臣が多数採用された。改易となった加藤忠広《ただひろ》の家臣なども、数多く召し抱えられたと伝えられる。

面白いのは、新規に家臣を召し抱えるにあたり、長重は一芸に秀でた者を求めていることだ。しかも、すぐに本採用とせず、とりあえず扶持米《ふちまい》を与え、三年近くのあいだ試用期間を設け、その能力をきちんと見極めたうえで、正式に家臣に取り立てたのである。

また、丹羽氏の場合、家臣が家督を相続する際、必ずその石高を減らすのを原則とした。もし父親と同じ禄高に戻したければ、藩に懸命に仕えよということだろう。なかなか面白いシステムだが、まさにこれは自分自身の経験をふまえて考案したのだと思う。

なお、これより前の寛永三年には、長重の幕府における諸大名の席順も上がり、国持少将の席となり、百万石の前田利常《としつね》や六十万石の伊達政宗に次ぐ席となった。

幕府が長重を、関東と奥州の境目である白川（白河）に配置したのは、ここに堅固な城を築かせ、伊達政宗などの奥州大名の押さえにしようと考えたからだとされる。

『二本松市史　第1巻』は、「長重は、自ら白河の領地を見聞し、城の場所を決め、櫓《やぐら》数・堀割・石垣の絵図を作成し、工事費として幕府より二万両を借金して、七年の歳月を費やして完成した」という。築城をはじめるにあたり、長重は数日間沐浴斎《もくよくさい》戒《かい》して守護神を祀《まつ》ったという言い伝えが残る。

白河（小峰）城は、寛永六年から着工され、寛永九年春に完成した。

ただ、度重なる転封と築城によって、丹羽長重の財産は底をつき、財政状況は悪化の一途をたどったといわれる。

長重の遺言

寛永十四年十二月、丹羽長重は六十七歳で生涯を閉じた。

百二十三万石の大大名からスタートした丹羽長重の人生は、まさに波瀾万丈《はらんばんじょう》だった。

秀吉に重臣たちを奪われ、小大名に転落したかと思えば、後年は秀吉の信頼を勝ち得て、十二万石を領するようになった。しかし、ひょんなことから天下分け目の合戦で領地のすべてを失い、一時徳川家に幽閉されるような立場に置かれた。

だが、その後、将軍秀忠、家光の信頼を勝ち取り、ついに十万石の大名にまで成り上がったのである。これほど振幅の激しい人生も、極めて珍しいのではないだろうか。

関ヶ原の戦いで失領した大名九十家以上のうち、大名に返り咲いたのは数家に過ぎない。しかも、十万石を超えたのは、立花宗茂とこの丹羽長重だけだった。なにゆえ長重は最後に勝利をつかむことができたのだろうか。

一つには、すぐれた築城術を持っていたことがあげられる。

彼は、棚倉や白河で見事な城を新築している。

とくに白河城は、東北地方では数少ない総石垣造りの城で、現在では盛岡城、会津若松城とともに東北三名城の一つにも数えられている。阿武隈《あぶくま》川北岸の丘陵上に本丸、竹の丸・帯曲輪《おびぐるわ》、その南に二の丸、東に三の丸を配した平山城《ひらやまじろ》であった。本丸には三基の櫓、曲輪《くるわ》には五基の櫓が築かれていたという。

おそらく幕府は、このような築城技術があるからこそ、長重を陸奥入口の要衝であるこの地域に配置したのだろう。

しかしながら、一番の要因は、人に愛されたことではないだろうか。

長重は、立花宗茂のような軍略家でもなく、芸術家でもなかった。それでも将軍秀忠や家光は、上洛や日光社参などに必ずといってよいほど長重を伴っている。

なにゆえ、両将軍に愛されたのか。

それは、長重が実直だったからだと思われる。

伊達政宗のようなパフォーマンスや立花宗茂のような天才的な軍師ぶりなど、目を見張るような逸話は、実は一つも残っていない。おそらく、長重の性格には華がなかったのだろう。

しかし、いぶし銀のような良い持ち味があったのではなかろうか。どんな状況におかれても決してあきらめたり、くさったりせず、再びはじめからコツコツとのぼっていく、まるで亀のごとき粘り強さがあったのではないだろうか。

決して目立たないが信用できるまじめな男。だからこそ徳川家は、丹羽長重に大きな信頼をおいて、十万石を与えたのではないかと思えてくる。

長重は臨終に際して、一族や重臣を集めて次のような遺言を残した。

「上様（将軍）をいよいよ忝《かたじけ》なく存じ、常々公儀（幕府）一大事に存じ奉り、御出頭衆（幕府の閣僚）へ御無沙汰つかまりまじく候、公儀ならびに御出頭衆へのおこない、我々時（長重の時代）ごとくに仕るべく候、それより過候て才覚たて仕りまじく候事」

すなわち長重は、「自分がこれまでやって来たように、将軍の恩に感謝し、幕府第一と考え、幕府の閣僚たちと親しく付き合え。だが、だからといって機転をきかせ過ぎたり、ゴマをすってはならぬ」と言っているわけで、長重という人間の人柄がにじみ出ていることがわかる。

さて、その後の丹羽氏だが、長重の嫡男光重《みつしげ》が家督を相続し、長重の死から六年後に白河から二本松《にほんまつ》に転封となっている。

そして光重も、築城の名手の血を受け継ぎ、二本松に入封後、十年の歳月をかけて二本松城の城郭の大修築をおこなっている。この城は、霞《かすみ》ヶ《が》城ともよばれ、現在でも日本の一〇〇名城の一つに数えられている。

こうして丹羽氏は、そのままの石高で幕末を迎えることになったのである。

第二章 ナンバーワンに執着した猛将

茶人武将　上田重安

二十一歳で大名に

ノーベル物理学賞を受賞した小柴昌俊《こしばまさとし》東大名誉教授が、「ナンバー・ワンではなくオンリー・ワンを目指せ」と発言したことから、一時、「オンリー・ワン」という言葉は、空前のブームとなった。元人気アイドルグループSMAPが歌う『世界に一つだけの花』の歌詞にもなり、世間一般へと広がっていった。

一方、二〇〇九年九月、メジャーリーガーのイチローが九年連続二〇〇本安打を達成し、メジャーリーグ新記録を樹立したとき、「ぼくは、ナンバー・ワンになりたい人。この世界で生きているからには、オンリー・ワンでいいなんて甘いこと言うやつが大嫌い」とコメントした。

私もやはり、人はもともと誰もがユニークな存在であり、オンリー・ワンなのだから、各界におけるナンバー・ワンを目指すべきではないかと考えているし、教師をしていたとき、自分が教えている高校生たちにも、そのように話してきた。

戦国時代における武将たちも、同じことがいえる。

この時代の戦国武将たちは、それぞれがナンバー・ワンを目指して戦場を駆け巡り、取った首の地位や数を競い合って必死に上を目指そうとした。本編の主人公・上《うえ》田重安《だしげやす》もその一人だが、彼の場合、そうした武将たちのなかでも、とくに異常なほど、ナンバー・ワンに執心したところに大きな特色があるといえる。

重安は、永禄六年（一五六三）、尾張国星崎《おわりのくにほしざき》に重元の子として生まれた。父の重元は、織田信長の重臣・丹羽長秀《にわながひで》の家臣であった。前章で紹介した丹羽長重《ながしげ》の父である。ただ、重安が十歳のときに父が没してしまったため、祖父の重氏に育てられたとか、寺院に入ったなどといわれているが、やがて丹羽長秀の小姓となったようだ。

重安の初陣は、十四歳のときのことである。十六歳と年齢を偽って有岡《ありおか》城攻めに加わったと伝えられる。この城には、天正六年（一五七八）に信長に対して叛旗《はんき》を翻した荒木村重《むらしげ》が籠城《ろうじょう》していた。このおり重安は、ほかの兵に先んじて一番最初に城壁に取り付いて奮戦したという。

有岡城は一年近く持ちこたえたが、やがて旗色が悪くなると、城主の村重は数人の側近と愛人を連れ、愛用の茶道具とともに城内から逃亡してしまった。このため、村重に見捨てられた荒木一族や家臣たちは戦意を喪失し、まもなく信長に降伏した。

ちなみに村重は、信長の死後、津田宗及《そうぎゅう》などの豪商たちの茶会に顔を出すようになり、天正十一年には羽柴秀吉の茶会に招かれている。やがて茶の道で秀吉に仕え、千利休の高弟七人をさす「利休七哲《しちてつ》」の一人となった。上田重安も後に七哲の一人・古田織部《おりべ》に学んで一流を興しており、きっと秀吉の茶会で二人は何度も顔を合わせたことだろう。

次に上田重安が史上に登場するのは、本能寺の変のときのことである。

天正十年六月二日、織田信長が京都において家臣の明智光秀に殺害された。

このとき重安は、主君の丹羽長秀に従って大坂にいた。

前章で述べたように（23ページ）、長秀は、四国平定軍の副将として、大坂に一万三千の兵とともに滞在していた。京都はすぐ目と鼻の先であったが、あまりに近すぎて本能寺の変の動揺がもろに軍中へ伝わり、なんと兵の過半がたちまちにして離散してしまったのだ。

そこで重安の主君長秀は、大将の織田信孝《のぶたか》（信長の三男）とともに残兵三千を率いて、明智光秀の女婿だった織田信澄《のぶすみ》を攻撃している。信澄は、信長の弟・信勝（信行）の子ではあったが、明智光秀との内通を疑った長秀は、家臣たちに信澄を討ち取るよう命じたのである。このとき信澄が守る大坂の千貫櫓《せんがんやぐら》に真っ先に到達したのが、上田重安であった。

しかも重安は、自分が一番最初に櫓に到達すると、驚くべきことに門を閉めてしまったのである。味方を閉め出し、手柄を独り占めにするためであった。

そして信澄を探し出し、自らの手でその首を掻き切ったのである。ナンバー・ワンに対する驚くべきこだわりようだ。

ちなみに、重安によって討ち取られた信澄の首級は、哀れにも和泉国堺《いずみのくにさかい》の町に晒《さら》されたと伝えられる。

山崎の戦い後、清洲《きよす》会議で丹羽長秀は若狭国に加え、近江国志賀郡と高島郡も支配することに決まった。このおり重安は五千石を与えられ、高島郡の代官として大溝《おおみぞ》城に入った。大溝城は重安が討ち取った織田信澄の旧城であり、戦功の褒賞《ほうしょう》であったと考えられる。このときまだ、重安は二十歳。まさに大抜擢《ばってき》といえよう。

翌年、賤ヶ岳《しずがたけ》合戦の功により、丹羽長秀が越前一国と加賀二郡を加増されると、重安はさらに一万石を与えられたと伝えられる。こうして重安は、わずか二十一歳にして大名となったのである。

関ヶ原の戦いでの失領と逃亡

前章でも述べたように、天正十三年に丹羽長秀が死去すると、十五歳の嫡男長重が家督を相続した。しかし、秀吉の策略によって百二十三万石はたちまちにして削られていき、丹羽氏は小大名に転落してしまった。

そうしたなか、丹羽氏の有能な家臣たちは、次々と秀吉にヘッド・ハンティングされていった。

上田重安もその一人だった。

こうして重安は、秀吉の直臣となり、越前国《えちぜんのくに》に一万石を与えられ、九州平定や小田原攻めに従軍した。後者の際には山中城攻めに参加したが、ここでもまた一番乗りを狙い、味方からこっそり離れて煙硝《えんしよう》の煙にまぎれて城へと入り込み、敵に一番槍をつけたのである。

秀吉はこの戦功をたたえ、自分の正室おねの叔父・杉原家次《いえつぐ》の娘と結婚させたという。どうやら秀吉自身が、媒酌までもつとめたらしい。つまり、重安は豊臣一族として遇されることになったわけだ。

さらに文禄三年（一五九四）になると、従五位下主水司《しゆすいし》に叙され、豊臣の姓を与えられるという厚遇を受けることになった。よほど秀吉のお気に入りだったのだろう。

なお、重安は武功だけでなく、秀吉が京都の方広寺《ほうこうじ》の大仏を造営する際、その監督もつとめ上げている。

重安と同様、豊臣政権下で大抜擢を受けた丹羽長重の旧臣がいる。それは、長束正家《なつかまさいえ》である。

正家は近江国水口《おうみのくにみなくち》城主となり、十二万石という大禄を秀吉から賜り、ついには豊臣政権の五奉行の一人となり、財政を担当するまでになった。

そのため、天下分け目の合戦のときも、西軍の石田三成と行動をともにした。しかしながら、徳川家康にも盛んに通じようとした形跡が見られる。

ただ、まったく相手にされなかったため、関ヶ原合戦では西軍に加担し、当日は南《なん》宮山《ぐうさん》に布陣した。

ところが合戦当日、すぐ前方にいた毛利一族の吉川広家《きっかわひろいえ》が徳川家康に内通しており、最後まで兵を動かさなかったため、とうとう戦に参加できず、西軍が敗走した後、正家はすごすごと居城水口城に引き返すことになった。

その後、正家は東軍の池田輝政《てるまさ》軍に城を包囲されてしまい、ついに自害して果てたのだった。正家の首は、その後京都に運ばれ、三条河原に晒されたという。

一方、上田重安は、豊臣政権が分裂し、東西に分かれて大合戦がおこなわれんとしたとき、意外な動きをみせる。

なんと、旧主であった丹羽氏のもとに馳せ参じたのである。

なぜ重安は、このような行動をとったのだろうか——。

おそらく、猪突《ちょとつ》猛進の重安のことだ。遠謀《えんぼう》や深慮などは蔵していなかったろう。この天下分け目の合戦にあたって、旧主である丹羽長重の力になりたい。単にそう思って、後先《あとさき》を考えずに長重のもとへ馳せ参じたのではなかろうか。

このとき、丹羽氏の当主・長重は加賀国《かがのくに》小松城にいた。

一時は百二十三万石から四万石まで領地を縮小されてしまったが、晩年の秀吉から信頼を受けるようになり、このときは十二万五千石を領するまでに領地を回復させていた。

しかし、その丹羽長重は関ヶ原合戦後、個人的に兵を動かしたという理由によって、家康に領地を没収されてしまうのである。ただ、処刑されることはなかった。

一方、長重のもとにいた上田重安は、関ヶ原合戦における結果を知るとただちに越前国に戻り、さらに摂津国《せっつのくに》兵庫まで逃げのび、そこで剃髪《ていはつ》した。その後は、宗箇《そうこ》と号し、しばらくの間、義父・杉原家次の子で義兄弟である長房《ながふさ》のもとに隠れ潜んでいたという。

こうして失領してしまったわけだが、その後重安は、阿波国《あわのくに》徳島の蜂須賀家政《はちすかいえまさ》に招かれたと伝えられる。蜂須賀家は、家政の父・正勝《まさかつ》（小六《ころく》）の代から秀吉に取り立てられた豊臣恩顧の大名である。

これに対して家政の子・至鎮《よししげ》は、家康の曾孫・小笠原秀政《ひでまさ》の娘を娶《めと》っているという、少々複雑な事情を抱えていた。

だが、関ヶ原合戦のときは巧みに立ち回っている。

徳川方（東軍）の勝利を確信していた家政は、このとき大坂にありながら密かに至鎮を家康のもとに遣わしたのだ。そして、自分自身は石田三成方（西軍）につくふりをして、いざ出陣という間際、秀吉より賜った領地をにわかに豊臣秀頼へ返還すると宣言し、勝手に剃髪して高野山へのぼってしまったのである。

こうした見事な処世術により、関ヶ原合戦後、至鎮の東軍参加が評価されて、家政の西軍加担は不問に付され、蜂須賀家は本領を安堵されたのであった。

蜂須賀家政が上田重安を招いたのは、ともに秀吉に寵された武将であったため、侘び茶を通して親しかったからではないかといわれている。

かずかずの名園を手がける

その後、重安は慶長七年（一六〇二）まで家政の領国、阿波国徳島で生活している。

この時期に重安は、徳島城に千秋閣《せんしゅうかく》庭園と呼ばれる表御殿《おもてごてん》庭園を築いている。実は彼には、作庭という特技があった。

この表御殿庭園は、水をたたえた池と、築山《つきやま》の庭と枯山水《かれさんすい》の庭を二部構成したもので、かつて秀吉が好んだタイプの庭園だといわれている。自然石を上手に使った橋や岩島などの石組が豪華な名園であり、現在、国の名勝にも指定されている。そのほかにも重安は、名古屋城の二の丸庭園をはじめ、数多くの名庭を手がけた。

慶長八年（一六〇三）、重安は今度、紀州和歌山城主・浅野幸長《よしなが》に客将として招かれ、阿波の蜂須賀家から和歌山へ移住した。これは、重安の妻の兄・杉原長房の妻が浅野長政《ながまさ》（幸長の父）の娘であり、その関係から重安を招聘したのだと思われる。

浅野長政は、信長に仕えていたが、早くから羽柴秀吉に属し、やがて大抜擢されて若狭国を領し、五奉行となって豊臣政権を支えた。秀吉の晩年には、息子の幸長とともに甲斐国《かいのくに》二十二万五千石を領有した。だが、秀吉が亡くなると、慶長四年に長政は隠居することになった。

これは、徳川家康を暗殺しようという計画が露見したため、引退に追い込まれたのだという。だから関ヶ原合戦のときには、家康領内の武蔵国《むさしのくに》府中《ふちゅう》に幽居していた。けれど、この状況が長政に幸いすることになった。石田三成が挙兵した際、長政はこうした状態だったので、迷う事なく家康側につくことができた。さらに関ヶ原合戦にあたっても、徳川秀忠軍に従って中山道から攻めのぼっている。

戦後、長政はそのまま江戸で生活したが、隠居料として常陸国《ひたちのくに》真壁・筑波両郡のうち五万石を与えられ、さらに近江国神崎《かんざき》郡五千石を追加されて悠々自適の生活をおくり、慶長十六年に六十五歳の生涯を閉じた。

一方、長政の息子・幸長は東軍の先鋒をまかされ、岐阜城攻撃で活躍、関ヶ原合戦後は京都の治安を維持したり、大坂城西の丸を接収するなどした。

その功により、幸長はなんと三十七万石という大封を与えられ、紀州和歌山城主となったのである。

このように浅野家は、一気に石高が倍増する状況になったため、才ある士を求めて自国に招いていたと思われる。上田重安もきっとその一人だったのであろう。

浅野家に仕官した重安は、作庭家として和歌山城の西の丸庭園、粉河寺《こかわでら》の庭園、さらに浅野家が広島に移封した後は、城内に泉水館《せんすいかん》（現在の縮景園《しゅくけいえん》）などを次々とつくり上げていった。

とくに、粉河寺庭園は、国の名勝にも指定されており、名園としての評価が高い。粉河町教育委員会・和歌山県教育委員会の説明によると、「桃山時代の枯山水の石庭で、本堂前の左右の崖地に築庭され、日本の庭園の中でも先例のない様式である。その上、巨石を十分にかつ自由に扱いこなし、まったく豪快な造形を呈している。枯山水庭園の珍しい形態を持った名園で、用いた紀州石は雑賀崎《さいかざき》の青石《あおいし》（緑泥片岩《りょくでいへんがん》）、琴浦の紫石《しせき》（紅簾片岩《こうれんへんがん》）、竜門山《りゅうもんさん》の竜門石（蛇紋岩《じゃもんがん》）の名石を用いている」とある。型破りな武将・重安らしい大胆かつ独創的な名園である。

また、この泉水館（縮景園）は、「狭い敷地に山池・橋梁・島嶼《とうしょ》・建物を巧みに配した」（『武将茶人上田宗箇と桃山文化』徳島市立徳島城博物館編）ものであったという。

重安は泉水館の借景として、庭園の西にそびえる標高三百五十六メートルの己斐山《こいやま》を取り入れたが、この山頂に巨大な赤松を植えた。現在は、重安にちなんで「宗箇《そうこ》山《やま》」と呼ばれ、広島市の北西に位置している。この三抱えもあるような巨松は、城下のどこからでもよく眺めることができ、やがて人びとから「宗箇松」と呼ばれ、愛されるようになった。

だが、残念ながらこの松は落雷によって燃えてしまい、その後あらたな松が植えられたが、この二代目については、戦時中に伐採されてしまった。なので現在は、切り株だけが往年の巨大な面影をとどめているそうだ。

ちなみに三代目の松は戦後の昭和三十六年に植えられたが、松食い虫によって倒壊し、現在のそれは四代目になるという。これをみても、いかに「宗箇松」が地元の人に愛されているかがよくわかるだろう。

一方、泉水館も、宝暦《ほうれき》八年（一七五八）広島の大火によって燃えてしまった。その後、明和七年（一七七〇）に七代藩主・浅野重晟《しげあきら》がこれを修復し、さらに十余年後の天明三年に清水七郎衛門という京都の庭師を招聘して庭園の大改修をおこなった。

昭和十四年になると、この縮景園は浅野家から広島県に寄贈され、いまも広島市民の憩いの場となっている。

武将の茶を極める

だが、上田重安の真骨頂は作庭家としてのそれではなく、茶人として余人に替えがたい独創的な茶をあみ出し、一流を開いたことにある。その流派は上田宗箇流として、現在も連綿として栄えている。

重安ははじめ、千利休の茶会にたびたび参加して彼から茶を学んだが、利休没後は、その高弟である古田織部に師事するようになった。

重安は師の織部とともに京都の大徳寺に参禅し、第百十一世の春屋宗園《しゅんおくそうえん》から「宗箇《そうこ》」という法諱を授かった。

ただ、どちらかというと織部より、利休風の茶を好んだといわれる。

これは、近年新たに判明した事実である。それについては『武将茶人上田宗箇と桃山文化―徳島城表御殿庭園作庭者の素顔―』（徳島市立徳島城博物館編）に詳しい。

同書は、財団法人上田流和風堂の協力を得て、同博物館の学芸員・須藤茂樹氏が執筆された論考である。

同書によれば、上田流の「家元に伝来し、近年紹介された『宗箇様御聞書』には、

『宗箇様は織部を学んだが、茶杓《ちやしやく》などは利休と同じで、織部とは少々違う（中略）宗箇様は織部の流儀を受け継いでいるが茶杓や茶入《ちやいれ》類は利休風を好み、（中略）流儀にも利休風を好んで取り入れた』」とある。

とはいうものの、やはり利休の装飾性は完全に排除されており、茶道具についても唐物（中国の茶器）主義ではなく、今道具と呼ばれる国産品を好んでいるところに、圧倒的な古田織部の影響をみて取ることができる。

ただ、織部の茶は、武士のみならず、身分の垣根をこえて広い階層の支持をえたとされるが、重安の茶風は、そうした織部流の影響下にありながら、猛将としての気質がそのまま表に出ているところに大きな特徴があるといえる。

それは、彼がつくった楽焼《らくやき》茶碗や茶杓、花入れなどを見れば一目瞭然だ。

たとえば大坂夏の陣の際、樫井の戦いの真っ最中につくったとされる茶杓『敵がくれ』、晩年に自分で焼きあげた楽焼茶碗『さても』、さらには、はぎ取ったような荒い鉈《なた》目の入った竹花入《はないれ》、こうした重安自作の茶道具から、上田宗箇流＝「武人の茶」であることが、はっきり理解できるだろう。

その茶の作法も力強く躍動感にあふれ、凛とした「うつくしさ」を重視している。

重安は浅野家の屋敷に和風堂をつくり、その中に「遠鐘《えんしょう》」と呼ぶ数寄屋（茶室）をしつらえた。この茶室は、高い塀に囲まれた外露地と深山幽谷《しんざんゆうこく》のような内露地に区分され、中潜《なかくぐり》という空間でつながっているという独特のものである。

しかも重安は、露地で待つ客人に対し茶の用意が整うと、なんと鉄砲をぶっ放してそれを知らせたという。なんとも豪快な合図だ。この音を聞いて、客は茶室の中央の躙《にじ》り口《ぐち》から室内に入る。「遠鐘」の躙り口は、通常より中央寄りに空いている。そこを抜けて屋内に入ると、床の間には花のかわりに、なんと兜がおかれてあったという。これが上田宗箇流の茶なのである。

上田家では宗箇流を伝承させるため、中村氏と野村氏を百石で抱え、「茶事預かり」として、忠実に上田重安の茶の湯を継承させた。この流れは幕末まで代々続いていき、茶書の編纂もおこなわれた。

このため、広島を中心に現在も上田宗箇流は栄えている。

復活する猛将

このように上田重安は、たいへんな文化人であった。だから浅野幸長は、彼を自藩に招聘したのだろう。

しかし、それだけが理由のすべてではないと私は考えている。やはり豊臣時代における、重安の武将としての腕前を高く買っていたのではなかろうか。

そんな名将としての重安の姿を実際に披露するときが、慶長十九年（一六一四）にやってくる。そう、いうまでもなく、大坂冬の陣である。

すでに浅野家の当主は、幸長からその弟・長晟《ながあきら》の時代に入っており、浅野長晟は大軍を率いて大坂冬の陣に参戦した。このとき重安もまた、長晟に従って参陣している。ところが、やがて重安は、勝手に浅野方の陣から奈良まで撤収してしまったのだ。

理由は、「一番」ではなかったからである。自分が先鋒ではなく、三番隊に編入されたことに立腹したのである。

またまた悪い癖がでたわけだ。

このとき偉かったのは長晟であった。彼は奈良まで使者をおくり、重安の軍令違反を問わず、説得してわざわざ連れ戻しているのだ。その度量の広さは、まさに天晴《あっぱ》れというべきだろう。

翌年、大坂夏の陣が起こった。

すでに大坂城は、前年の徳川方との講和によって堀を埋められ、裸城《はだかじろ》にされてしまっていた。このため豊臣軍は、自ら城を出て野戦によって雌雄を決するしかなくなっていた。

この会戦に勝つためには、襲来する徳川の大軍の気勢をそぐしかすべがない。そこで豊臣方は、先手をとって徳川方についた浅野長晟の和歌山城を襲い、これを倒してしまおうともくろんだのである。

かくして慶長二十年四月二十八日、豊臣方は大野治房《はるふさ》を大将として、塙直之《ばんなおゆき》、岡部則綱《のりつな》、淡輪《たんのわ》重政《しげまさ》ら三千の兵を和歌山へ進発させた。これに対して浅野軍は五千人。だから大野隊は人数的には不利といえた。

しかし、勝利への秘策があった。治房の兄・治長《はるなが》は、家臣の北村善大夫らを紀伊国へ潜入させ、豪農や土豪たちと連絡をとらせて一揆を誘発させようと考えていたのである。

治長は、自軍が和歌山城近くに到達した際、「一揆が一斉に蜂起するよう誘導せよ」と北村に言い含め、紀伊国へ放っていたのだった。

一方、徳川の出陣命令を受けた浅野長晟は、和歌山城から大坂城へ向けてまさに出立せんとしていた。だが、密告者によって長晟は大野治長の計画を察知し、一揆の勃発を警戒して大坂への出撃を見合わせることにした。ところが、徳川方からはただちに出陣せよという強い催促が来た。そこで、仕方なく方針を変更して長晟は和歌山城を後にしたのだった。

けれど、行軍途中の和泉国《いずみのくに》佐野《さの》川付近の市場という地で、長晟は豊臣軍が二万の大軍で押し寄せてくるという誤報に接した。自軍の四倍の軍勢である。まともに戦ったら勝利はおぼつかない。

そこで重臣らが軍議を開いたが、この市場にとどまって戦うか、樫井《かしい》まで後退し、林を楯にして防戦するかでもめた。が、最終的に長晟の決断によって樫井まで撤収することになった。

そして撤退の際、浅野家の重臣・亀田高綱《たかつな》が和泉国安松《やすまつ》に殿《しんがり》として残ることになった。そのメンバーに、上田重安は含まれていない。

ところがこのときも重安は、一時撤退の方針に従わず、敵が侵入してくるのを空き家に潜んでジッと待っていたという。今回も、お得意の軍令違反である。

そうとは知らずに、大野隊はやって来た。しかも、加藤嘉明の元家臣で猛将の塙直之と岡部則綱が先鋒をめぐって激しく争いつつ、互いに抜け駆けをするようなかたちで、本隊から離れて猛スピードで近づいてきたのだ。

塙直之と岡部則綱の部隊が安松に迫ったとき、伏兵として潜んでいた亀田高綱隊が一斉に鉄砲を放ち、たちまちにして数十人を倒した。高綱はその後、巧みな射撃戦法で相手を翻弄しつつ、後退していったという。このため激昂した塙・岡部隊は、行軍のスピードを緩めようとせず、激しく亀田隊を追撃し、先陣を争いつつ浅野の本軍に迫り、ついに追いついてしまったのである。

すでに浅野軍は樫井にまで来ており、林を利用できる有利な立場にあった。つまり、豊臣の先陣は、本隊と切り離され、巧みに亀田隊におびき寄せられたわけだ。ともあれ、ここ樫井において合戦が開始されることになった。

この状況をチャンスとみた上田重安は、一目散に塙直之を目がけて駆け寄り、塙・岡部隊といきなり激しい戦いを演じ始めたのである。戦いは、浅野方の圧倒的有利のうちに進み、ついにたまりかねた岡部は潰走《かいそう》していった。

一方、塙直之は退却せず、その地にとどまって鬼神のごとき戦いぶりをみせたが、ついに討ち死にしてしまった。

戦後、重安は「自分が一番槍だ」と主張してゆずらず、仲間と争論となった。そしてなんと、幕府の老中にこれを訴え、ついに「一番槍」と認定されている。なんとも異常な執心といえる。

結局、大野治房率いる豊臣本隊は、塙・岡部隊の敗北を、戻ってきた敗残兵によって知らされた。あわてて樫井へ駆けつけたときには、すでに勝利した浅野軍は和歌山へ戻ったあとだった。

このため大野隊は、仕方なく大坂方面に撤収していった。

なお、上田重安がこの樫井の戦いで着用した甲冑《かっちゅう》が現存する。また、厳島《いつくしま》神社にもこれと同形式の二番具足《ぐそく》（甲冑）が上田家から寄進されているという。

重安の甲冑は広島県重要文化財となっているが、上田宗箇流のウェブサイトにはその写真が出ており、

「胴は、鉄板札製の丸胴で、塗込《ぬりこ》めて一枚張仏胴とし、前後に銀で大きく月輪を描いて堂々とした風格を与えている。草摺《くさずり》（甲冑のうち、胴の下に垂れ下り大腿部《だいたいぶ》を覆う部分）は六間五段下がり。兜鉢《かぶとばち》（兜の頭部を覆う部分）は厚手の鉄で風折烏帽子《かざおりえぼし》を象《かたど》る。小具足《こぐそく》（甲冑の付属品）は錆地《さびじ》に荒い鑢目《やすりめ》を入れた鉄打出烈勢頬、大きく力強い瓢《ひさご》を持つ皺瓢籠手《こて》、伊予佩盾《はいたて》（鎧の下に着て股《もも》と膝を覆う防具）、七本篠脛当《すねあて》、紺木綿の足袋《たび》・草鞋《わらじ》など皆具《かいぐ》する」

という説明書きが掲載されている。質実剛健を思わせる渋い甲冑である。

また重安は、この樫井の合戦で隠れている最中、迫りくる敵を待ち受けながら竹藪の竹を切り、悠々と茶杓《ちゃしゃく》を二本削ったという。この茶杓は、『敵がくれ』という名で、今も上田宗箇流の家元家に残されている。

浅野家家老として繁栄

浅野長晟は、大坂の役の戦功もあって元和二年（一六一六）に家康の娘振姫《ふりひめ》と結婚して徳川の縁戚となり、元和五年、福島正則が改易されると、これにかわって広島城主となった。このとき長晟は加増を受け、安芸国《あきのくに》と備後《びんご》半国を合わせて四十二万六千石の大大名となったのである。

こうした加増にともない、上田重安も浅野家が広島へ移ったとき、安芸国佐西《さにし》郡に一万二千石を賜り、大名に復帰した。

このおり、筆頭家老の浅野知近《ともちか》は三次《みよし》三万石を与えられたが、彼は自分が望んだ三原の地を与えられなかったことに怒り、出仕を拒否するという事件を起こした。もともと知近は、長晟に含むところがあったようだ。浅野幸長が没したとき、知近は次弟の長晟ではなく、三弟の長重《ながしげ》を藩主に推したのである。

そうしたこともあって、この行動に激怒した長晟は、同年十一月、知近を誅殺《ちゆうさつ》した。なお、その子の知吉も切腹処分となった。

また、樫井の戦いで大活躍した亀田高綱も備後国双可郡東城主に抜擢されたもの

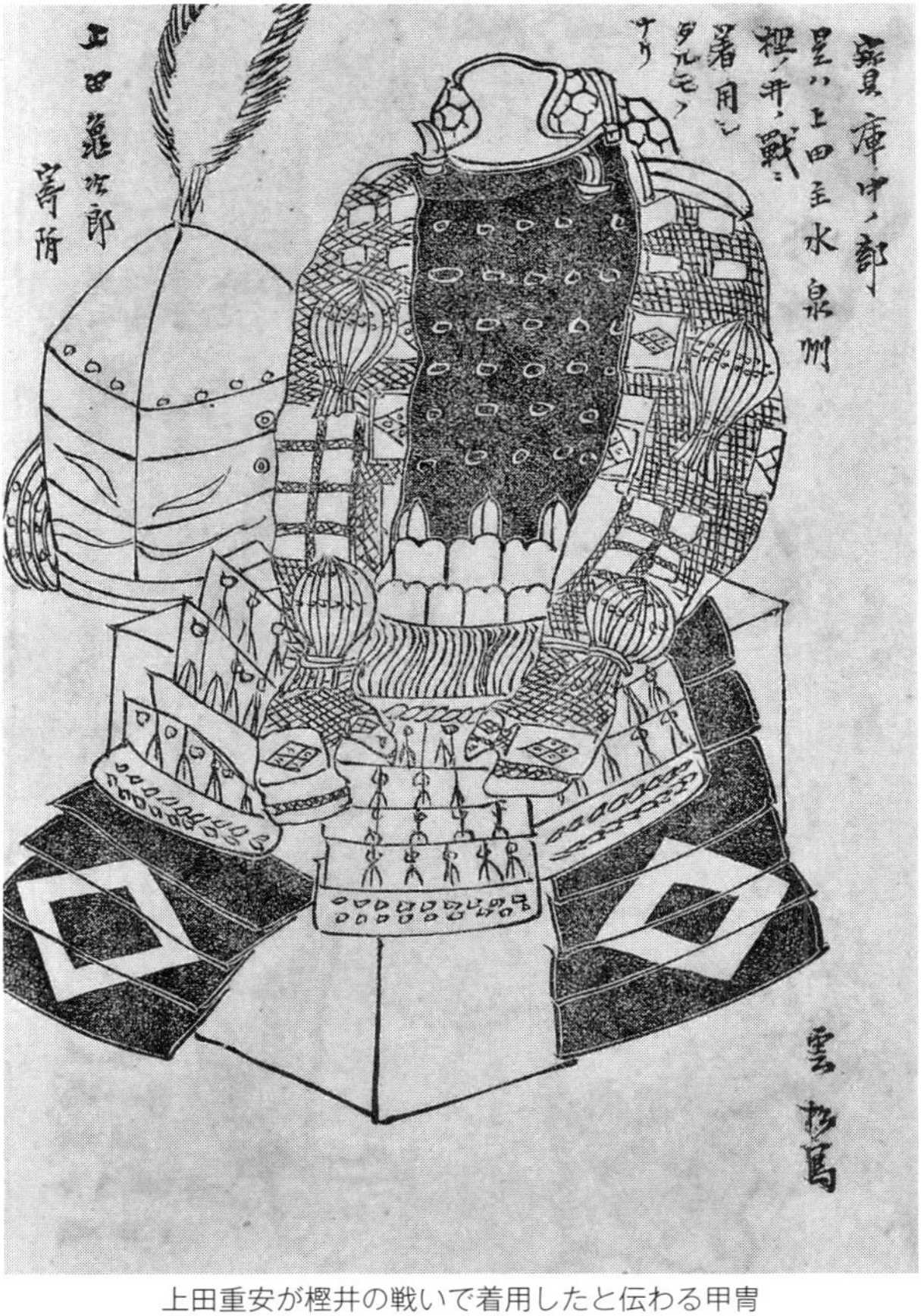

上田重安が樫井の戦いで着用したと伝わる甲冑

の、浅野家を逐電し、和泉国堺へ移ってしまっている。その理由というのは、主君長晟が「お前の娘を、上田重安の息子と結婚させよ」と命じたからだと伝えられる。

長晟の狙いは、家臣団の和をはかるためだった。樫井の戦いにおいて重安が抜け駆けしたことで、高綱と重安の仲は劣悪となった。この間をとりもつために、このような措置をとろうとしたのだろう。だが、高綱はこれを拒絶し、すべての禄をなげうって浅野家を出てしまったのだ。よほど重安を憎んでいたのだろう。

その後高綱は、堺から紀伊国伊都郡下天野に隠棲し、寛永十年（一六三三）に死去した。

このように、大坂の役後の浅野家では、かなり家臣団の動揺が見られたのである。こうしたこともあって、長晟は客将であった上田重安をいっそう信頼し、ついに重安は国家老に登用されることになった。

上田家は寛永十一年にさらに一万七千石を加増されている。このため家臣団も四百人を超えるまでになった。かくして上田家は、三原浅野家と東城浅野家とともに三家老として幕末にいたるのである。

八十八年の生涯

寛永九年（一六三二）、浅野長晟は四十七歳の若さで亡くなった。だが、重安は佐伯郡浅原村に庵を結んで隠居してからも、かくしゃくとしており、茶事三昧の生活をおくったと伝えられる。

ただ、晩年になっても家中のことに口をはさんだようで、息子の重政に宛てて「一番槍をつとめた剛勇な高瓦助左衛門をなぜ大切にしないのだ。すぐに領地を下賜せよ。ほかの大名に仕官されてしまったら大変ではないか」との手紙が残っている。

重安は、慶安三年（一六五〇）まで生き、八十八歳の生涯を閉じた。

ただ、その死に方は自然死ではない。異常死である。

この年の四月、重安は息子の重政に先立たれてしまっている。重政の死後、重安は一切の飲食を絶ち、翌月、ついに息絶えたのである。

なんともすさまじい死に方だといえよう。

なお、遺言により、その遺骸は厳島の対岸の串山というところで荼毘《だび》に付され、遺骨は槌《つち》で粉々に打ち砕き、海に散骨したという。さらに、その遺髪は荼毘の地に埋め、その上に塚をつくって松を植えたのだった。なんとも面白い人である。

丹羽長秀の家臣から豊臣秀吉の寵臣となり、蜂須賀家政、浅野幸長・長晟兄弟に仕えた上田重安――彼が関ヶ原合戦ですべてを失いながら、大名に復活を遂げることができた理由はなにか。

一つは、作庭と茶に関して人に抜きんでたスキルを持っていたこと、もう一つは、武人として勇猛であったこと。そして、最大の理由は、「一番」というものにこだわり続けて生きたことにあったのではなかろうか。

彼は、なにがなんでも一番になろうとした。作庭、茶、合戦、すべてにおいて他人に勝っていなければ気が済まなかった。そのためにはきっと、血の出るような努力をしたことだろう。そんな勝ち気な上田重安であったればこそ、人びとは彼を敬愛し、必要としたのではないだろうか。

人は誰でもオンリー・ワンである。そんなものを目指すより、やはり各界のナンバー・ワンを目指すべきなのだろう。

なお、上田家は、二代重政から重次、重羽、義行、義従、義敷、義珍、安虎、安世、安節と続き、そして十二代安敦のとき、明治維新を迎え、現在十六代当主、宗冏《そうけい》氏が上田宗箇流家元として茶の心を伝えている。

第三章
武を捨て、風雅に生きる

歌人大名
木下勝俊

木下一族の急激な出世

天下分け目の関ヶ原合戦のとき、寝返ったのは西軍の大名ばかりではない。数が少ないとはいえ、東軍を裏切って領地を没収された者もいる。

その一人が、木下勝俊《かつとし》であった。

「親の七光り」という言葉があるが、勝俊をはじめとする木下一族はまさに「太閤の七光り」だった。

豊臣秀吉が山崎の戦いや賤《しず》ヶ《が》岳《たけ》の戦いで勝って織田家をしのぎ、天下取りに突き進むようになると、木下一族は、そんな秀吉によってにわかにその地位を引き上げられ、すさまじい栄達ぶりをみせていった。

秀吉は足軽《あしがる》出身（異説あり）といわれ、譜代の家臣を持たない身の上だった。だから、その出世とともに膨張していく家臣団を統制するため、あらんかぎりの親族を重臣に取り立てていった。

木下一族は、秀吉の正室おねの実家の血族であった。おねは、織田信長に仕えていた杉原定利《さだとし》の娘として生まれ、その兄（弟説あり）に家定《いえさだ》がいた。やがて家定は、秀

歌人として生き、長嘯子と号した木下勝俊（高台寺所蔵）

吉の姓をもらい杉原から木下へ改姓した（異説あり）。

天正十五年（一五八七）には、播磨国《はりまのくに》のうち約一万一千石が与えられ、一躍大名に列せられ、従五位下肥後守に叙された。さらにその後、従三位中納言にのぼり、文禄四年（一五九五）には、重要な豊臣方の拠点である姫路城をまかされ、二万五千石を領するとともに、大坂城の留守居役を仰せつかるなど、秀吉から篤い信頼を受けた。

翻弄される木下兄弟の秀秋

家定は、勝俊《かつとし》、利房《としふさ》、延俊《のぶとし》、延貞《のぶさだ》、秀《ひで》

秋《あき》、俊定《としさだ》、秀規《ひでのり》といった多くの男児に恵まれた。

このうちもっとも知られているのは、やはり後に小早川《こばやかわ》家を継ぐ秀秋だろう。なかなか子供に恵まれなかった秀吉は、この秀秋を三歳のときに自分の養子としている。秀秋は、おねのもとで育てられたが、秀吉から溺愛され、天正十九年には従四位参議となり、その後、丹波国亀山《たんばのくにかめやま》十万石の領土を与えられた。

さらに文禄二年（一五九三）、従三位・権中納言となるものの、同年、秀吉の側室である淀殿が秀頼《ひでより》を生むと、のちの後継者争いを恐れたのか、翌文禄四年、小早川家に養子に出されてしまった。

ただ、当初は小早川氏ではなく、その本家筋にあたる毛利輝元《てるもと》の養子になる可能性があった。

これを防いだのが、輝元の叔父・小早川隆景《たかかげ》だった。

秀吉が、秀秋の養子先を探していることを知った黒田如水《じょすい》（官兵衛）がある日、小早川隆景のもとを訪ね、

「毛利輝元殿には実子がなく、まだ世嗣《よつぎ》が定まっていないと聞く。養子に秀秋様はど

うであろうか」

と打診してきた。

当時、秀秋は暗愚《あんぐ》なことで有名な少年であり、この話を持ちかけられた隆景は仰天した。秀秋を毛利宗家たる輝元の跡継ぎにするということは、滔々《とうとう》と続く毛利の血脈が絶え、毛利元就《もとなり》（隆景の実父）が必死に切り取った領地を、秀吉の一族に横領されることを意味する。ましてや、愚物の秀秋のことだ、御家をつぶしかねない。

だからといって、隆景はこの話を無碍《むげ》に拒否できなかった。なぜなら、輝元の後嗣《こうし》はその従弟の秀元《ひでもと》に内定していたのだが、まだ正式に秀吉の許可を得ていなかったからだ。

それにまさか、秀秋が暗愚だから嫌だとも言えない。そこをまんまと、策士の如水に突かれてしまったわけである。

黒田如水は、一説によれば、天下取りの野望を持っていたという。

実際、慶長五年（一六〇〇）の天下分け目の戦いで、如水は大勝負に出ている。息子の長政が、家康に従って会津の上杉氏征伐に向かったさい、石田三成が挙兵した。

こうして豊臣政権は分裂し、両派に分かれて各地で争い始めた。このとき中津《なかつ》城の留守は如水が守っていたが、この城で突然兵を動かしたのである。

黒田軍の主力は、前述のとおり長政とともに出陣しており、城中にほとんど兵はいなかった。だが、如水は大広間に金銀を高く積み上げ、参集した牢人や農民に分け与え、たちまち三千六百人の大軍を創出したのである。中津城を発した如水は、見事な軍略で諸城を陥落させていった。

如水は、この天下分け目の戦いが数十日は続くと踏み、この間に九州全土をおさえ、大軍で本土へのぼり、勝ったほうと戦って天下を握ろうと考えていたといわれる。

だが、予想に反して合戦は一日で決着がついてしまった。しかも、西軍の諸将を寝返らせて家康に勝利をもたらしたのは、皮肉なことに息子の長政だった。これを知った如水は、息子を叱り飛ばしたというが、ここにおいて如水の天下取りの野望も潰《つい》えたのである。

これはずっと後の話だが、いずれにしても、如水が天下を取るためには、自領の九州中津から上洛して天下に号令をかける必要があり、渡海して毛利氏の領内を通らねばならない。

けれど、暗愚な秀秋を主君とする毛利氏なら、攻略するにせよ、手なずけるにせよ、赤子の手をひねるようなものだ。それに、養子話が実現すれば、秀吉は大いに満足し、如水に謝するに違いない。いずれにしても、如水の得るところ大であった。

さて、この申し出を耳にした隆景だが、驚きを一切表に出さなかった。また拒むこともせず、平然と如水に

「その事、もし成りなんには、我らが家の幸いにこそあんなれ」（『藩翰譜《はんかんぷ》』）

（もしその事が現実になれば、毛利家にとってこんなにうれしいことはない）

と、答えたのである。

が、如水の去ったあとの隆景の行動は素早かった。その足で、秀吉に近侍する医師・施薬院《せやくいん》のもとに走り、

「私には世嗣がない。養子の元総《もとふさ》がいるが、彼には別家を興させるつもりだ。私もそろそろ引退を考えている。そこで、跡継ぎとして是非に秀秋殿をいただきたい。話の

ついでに、内々太閤様へ伝えていただけないか」

そう依頼したのである。先手を打って、小早川家を犠牲にして宗家を守ろうとしたのだ。

これを聞いた秀吉は喜んだ。隆景はこのとき、筑前《ちくぜん》一国と筑後《ちくご》・肥前国《ひぜんのくに》に二郡ずつを有する大身であった。五十万石以上がそっくり戻ってくるのだ、嬉しくないはずはなかろう。ただちに秀吉は、この話を了承した。なお、隆景が秀秋を養子にしてから二か月後、毛利家は秀元を輝元の後嗣にしたいと豊臣政権に申請し、正式に秀吉から公認された。

こうして如水の策略は失敗に終わり、隆景の力によって小早川秀秋が誕生することになったのである。

秀吉とともに出世する勝俊

さて、はじめに弟の秀秋を紹介したが、本編の主人公・木下勝俊について、その前半生を紹介しよう。

勝俊は木下家定の長男として、永禄十二年（一五六九）に生まれた。長じて勝俊は、義理の叔父にあたる秀吉の出世とともに栄達していった。勝俊は、秀吉の小姓として取り立てられ、十六歳のときに美濃国金山《みののくにかねやま》城主・森可成《よしなり》の娘於梅《おうめ》と結婚したと伝えられる。於梅の兄弟には、信長に寵愛され本能寺で死んだ森蘭丸《もりらんまる》がいる。

父親の家定が、播磨国で約一万一千石を与えられた天正十五年（一五八七）、十九歳になった勝俊は、その五倍以上の領地（六万石）を同じく播磨国で賜り、龍野《たつの》城主に抜擢されている。この年、勝俊は秀吉の九州征討に従軍した。

ただ、この頃から文芸の世界に興味を持つようになり、歌会や連歌会、茶会などに盛んに参加するようになっていく。

天正十六年、秀吉は京都につくった聚楽第《じゅらくだい》に後陽成《ごようぜい》天皇を招き、天皇の前で諸大名に自分に対する忠誠を誓わせたが、このあとの和歌会で勝俊は、

万代《よろずよ》も玉のみぎりの松の色の　ときはかきはに君やさかへん

という歌を詠んでいる。松の葉の色がずっと緑であるように、これからも天皇や秀吉が長く栄えることを願ったのであろう。

勝俊は天正十八年の小田原征伐に千三百人を率いて従軍し、その二年後の文禄の役にも、豊臣軍の先発隊として九州の名護屋に赴いている。

文禄二年（一五九三）、若狭国《わかさのくに》に六万二千石で転封《てんぽう》になり、小浜《おばま》城主となった。わずか二十五歳のときのことである。

秀吉の死で一転

だが、それから五年後、輝かしく思えた勝俊の人生は暗転していく。

六十三歳で、太閤秀吉が没してしまったのである。

さらに同じ年、勝俊の祖母である朝日《あさひ》（おねの母親）が八十一歳で死去した。

勝俊は、どうやら早く実母と別離したようで、この朝日が実の母親のように勝俊を育ててくれたらしい。だから、懸命の看病にあたったが、その甲斐もなく旅立ってしまった。

勝俊は慟哭《どうこく》し、

うつゝともさらぬわかれはおもほえて　かすかにさめぬ夢そかなしき

と、祖母との別れの悲しさを歌に込めている。

秀吉が死んだ後、すぐに豊臣政権に亀裂が走った。五大老の一人として豊臣政権を支えていた徳川家康が、勝手にほかの大名と婚姻を結んだり、論功行賞をおこなうなど、横暴な振舞いをはじめたのである。

このため、家康につく大名と、家康に敵対する大名の二派が対立するようになった。この対立に拍車をかけたのが、秀吉の朋友で五大老であった前田利家《としいえ》の死だった。慶長四年（一五九九）のことである。

これにより、ますます家康は増長していくことになった。わざとである。家康の狙いは、反家康派を暴発させて武力でこれを討ち、天下を取ることだったからだ。

翌年六月、家康は会津の上杉景勝《かげかつ》に謀反《むほん》の疑いがあるとして、五万六千の軍勢を引き連れ、大坂を離れた。あえて大坂を留守にすることで、石田三成ら反家康派の挙兵を誘ったのである。

先述の通り、石田三成は、案の定、毛利輝元を総大将に奉じ、七月十五日に挙兵した。石田ら西軍は、大坂城から家康の息のかかった者たちを追い払い、秀頼という玉をおさえ、七月十八日より徳川方の伏見城へ押し寄せていった。

このとき勝俊は、徳川の東軍に属し、家康から伏見城松ノ丸の守護を命じられた。勝俊は、この命令に従って伏見城に入ったが、彼が家康に味方したのは、勝俊の叔母にあたる北政所《きたのまんどころ》（故・秀吉の正室）が家康についたからだと思われる。

なお、伏見城本丸は、家康の重臣である鳥居元忠《とりいもとただ》が守っていた。

伏見城兵はわずかに千八百人、これに対して攻城軍（西軍）は、宇喜多秀家を大将とする四万という大軍であった。

だが、城将の鳥居元忠らは徹底的に抗戦し、驚くべきことに八月一日まで瓦解せずに耐え抜いたのだった。落城に際し、敗残兵は伏見城の大廊下で一斉に腹を切って果てるという、壮絶な最期をとげた。そのときの廊下は、いくつかに切り分けられ、京都の寺院の天井にして供養し、今でも血天井《ちてんじょう》として知られている。

伏見城での謎の行動

では、木下勝俊は、いかにして伏見城で戦ったのだろうか。

実は、戦わなかったのである。

家康に城の守備をまかされたのにもかかわらず、任務を放棄して、城から出て行ってしまったのである。

いったい、これはどうしたわけだろうか。

その真相に関しては、さまざまな説がある。

一つには、攻城軍の副将が実弟の小早川秀秋であったので、鳥居ら徳川方の城将に弟との内通を疑われ、味方から襲撃されそうな情勢になってしまい、伏見城から出て行かざるを得なくなったという説がある。

また、苦悩した末の戦線離脱だったとする説もある。

勝俊には、石田三成に義理はない。しかしながら、主君の豊臣秀頼が西軍方に握られてしまっており、西軍に抗することは主君に逆らうことになる。とはいっても、自分の娘は家康の五男・信吉《のぶよし》（武田信吉）に嫁いでおり、家康を裏切って西軍につくことはできない。

このため、いったいどちらに与《くみ》すればよいか悩み抜き、結果として双方と戦わない道を選び、伏見城を出たというのである。

さらに、この争乱において、京都三本木に住む自分の叔母である、おね（北政所）の身が非常に心配になり、彼女を守護するために伏見城を飛び出して京都へ走ったのだとする説もある。

なお、近年の研究では、朝廷の仲介によって勝俊が伏見城から撤退したというのが、もっとも信憑《しんぴょう》性が高いと考えられている。

勝俊は、まだ三十二歳でありながら、十代の頃から朝廷の貴族や文化人たちと親しく交わり、文芸の世界でよく知られた存在だった。とくに和歌の分野では、抜きん出た歌人だった。時の後陽成天皇も勝俊の歌が大のお気に入りで、たびたび天皇から歌を所望されたと伝えられる。

もし勝俊が、伏見城にそのまま居続ければ、勝俊が生き残る可能性はほとんどなかった。実際、城将の鳥居元忠らは壮絶な死に方をしている。ゆえに、天皇をはじめ朝廷の貴族や皇族は、何とかして歌人たる木下勝俊を救いたいと動いたのではなかろうか。

敵前逃亡の真実

朝廷が、この天下分け目の合戦に関与したというのは意外かもしれないが、実は、細川幽斎《ゆうさい》も朝廷によって命を救われている。

幽斎は、名将であるとともに当時随一の文化人だった。歌道に加え『源氏物語』の奥義《おうぎ》も九条稙通《くじょうたねみち》から伝授されており、有職故実《ゆうそくこじつ》や茶道、音曲《おんぎょく》、刀剣鑑定、料理などあらゆる文芸、遊芸に秀《ひい》でていた。

幽斎は織田信長の死後、秀吉に仕えて丹後国《たんごのくに》田辺城を拠点にしていたが、天下分け目の合戦のとき、徳川家康に与していたことから、慶長五年（一六〇〇）七月、石田三成の一万五千の大軍に城を包囲された。もはや落城は確実だった。

そこで幽斎は、自分が所有している歌集などの貴重な文化財を、目録をつけて天皇や知り合いの公家へ贈呈し、八条宮智仁《はちじょうのみやとしひと》にも三条西実枝《さねえだ》より授けられた『古今和歌集』の秘伝書を献上した。

後陽成天皇は偉大な文化人を戦いでみすみす失うことに心を痛め、勅使を田辺城へ遣わした。そして、幽斎に開城をすすめるとともに、石田方へも包囲を解いて和睦するよう勅命を発したのだ。

幽斎は死を覚悟していたが、三たび説得の勅使が派遣されるにおよび、ついに開城に同意した。攻城軍も幽斎が城を開き、丹波の亀山城へ移るまで手を出さなかったという。

まさに芸が身を助けたのである。

実は、木下勝俊が歌に興味を持つようになったのは、細川幽斎のおかげだとする説が有力視されている。

和歌史研究の宇佐見美喜三氏によれば、

「長嘯子《ちょうしょうし》（勝俊）は、幽斎について和歌の指導をうけ、作歌の心得などを述べた書き物を与へられたのであつた。それは秀吉が幽斎を歌の師としたことから、自然の成《なり》行《ゆき》であつたと見なければならないが、幽斎と長嘯子との間には今少し立ち入つた深い関係があつた。即ち幽斎の女の一人は、長嘯子の二番目の弟である延俊《のぶとし》の妻となつてゐて、細川氏と木下氏との間には姻戚関係が結ばれてゐたのである。延俊は寛永十九年に六十六歳で卒してゐるのから計算して、長嘯子より八歳の年下で、幽斎の卒した慶長十五年には三十四歳であったことになる。彼が幽斎の女を迎へたのは幽斎生前のことであらう。そしてその間柄も関ヶ原の役以前に結ばれたやうに考へる方が、両氏の徳川氏に対する関係から見て至当のやうである。武人時代の長嘯子は幽斎の指導を受け、武士の嗜《たしな》みといふ意味に於いて、作歌に心を染め出したものと思はれる」、また「天正十五年から文禄三年（或は二年）に至る竜野城主時代に、木下勝俊が幽斎に請じて時々歌会を催したらしいことは、幽斎の『衆妙集』の詞書から想像することができる」、「長嘯子の歌人的素質は、斯《か》くして武人時代に、幽斎の誘掖《ゆうえき》により徐々に萌芽を伸ばしつつあつたのである」（『和歌史に関する研究』若竹出版）

と述べ、勝俊が幽斎と親類関係にあって、そこから親しく接するようになり、歌道の指導を受けたのだと主張する。

実際勝俊は、細川幽斎が没したとき、彼を悼んで「玄旨法印（幽斎）をいためることば」（『挙白集　巻第九』）を残しているが、そのなかに「ながきかたみの筆の跡、海よりもふかきめぐみはおき所なく、いつわするべしともおぼえたまへらぬを、言葉いやしとてむなしくやみなむはかへりてことわりをしらぬものなるべし」と幽斎から生前世話になったことを感謝する文言がちりばめられている。

結局、実際に朝廷の命を受けて木下勝俊を救い出したのは、連歌師・里村昌叱《さとむらしょうしつ》だったようだ。関ヶ原合戦の翌年にあたる慶長六年秋と推定される手紙から、その事実をうかがい知ることができる。

里村昌叱は、戦国時代の連歌師・里村昌休《しょうきゅう》の子であり、父の弟子で当時連歌界の第一人者として活躍した里村紹巴《じょうは》に養育されている。この里村家は連歌の家の代表格であり、活発な連歌活動を行なうとともに、豊臣秀吉、秀次《ひでつぐ》らの権力者と結び、子孫は代々江戸幕府の御連歌師として仕えた。三条西実隆《さねたか》の子、公条《きんえだ》とも交渉があったことから、昌叱が勝俊の救出に関与したのであろう。

里村昌叱は、伏見城を取り巻いている西軍の許可を得て城内に入ると、勝俊に武士をやめて歌道に生きるよう説得したらしい。

ここにおいて勝俊は、自分が本当にやりたいのは、このような城で華々しく戦って死ぬことではなく、卑怯な男だと後ろ指をさされても構わないから、これからも花鳥風月を愛でつつ、歌を詠んで暮らすことだと悟ったのである。

武人たる自分を捨て去り、歌人として生をまっとうすることを決心したのだ。

こうして勝俊は、伏見城から脱して京都へ入り、おね（北政所）のもとへ向かった。

城を退去するに際し、勝俊は

あらぬ世に身はふりはてゝ大空も　袖よりくもるはつしくれかな

という和歌を詠んだと伝えられる。

明暗が分かれた木下一族

合戦後、勝俊を待っていたものは、領地没収であった。敵前逃亡したわけだから、当然の処分であろう。

対して、弟の小早川秀秋は、筑前名島《ちくぜんなじま》城主三十万七千石から備前《びぜん》・美作《みまさか》両国を領する五十万石の大大名となった。

なぜなら、関ヶ原合戦で家康に直接的勝利をもたらしたのが、秀秋だからだ。表面上は、西軍についた秀秋だったが、実は家康に通じており、合戦当日は寝返って味方を攻める密約をしていた。

ところが、関ヶ原の戦いがはじまっても、小早川軍一万五千は微動だにしない。

「なぜ西軍を攻めないのか。約束違反ではないか！」

そう徳川から遣わされた目付は、秀秋の家老・平瀬頼勝に迫ったが、平瀬は「まだその時ではない」と弁解し続けた。

この頃、秀秋は裏切りを逡巡するようになっていた。数時間経っても、西軍は一向に崩れる気配はない。むしろ、東軍を押し返しつつあったからだ。

ここにおいて、秀秋の脳裏に「関白」という文言がちらつきはじめた。実は、三成の使者が黄金三百枚を携え、秀秋に播磨一国を授け、豊臣秀頼が十五歳になるまで、関白職に叙任することを約束してきたのだ。なんとも破格な待遇であった。

そのときの戦況は、東西ほぼ互角であった。

それゆえ、勝敗のキャスティングボートは、一万五千の大軍を引き連れた弱冠十九歳の秀秋が握っていたといえる。

もちろん秀秋は、はじめは西軍を裏切るつもりでいた。ところが、西軍の奮闘ぶりを目にして「自分は関白になれるかもしれない」、そんな夢物語が彼の心を支配するようになり、この段階においてさえ、裏切りを躊躇《ちゅうちょ》させていたのである。

だが、怒った家康が小早川の陣へ大砲や鉄砲を撃ち込んだため、あわてて味方に攻めかかるという情けない行動を見せた。しかし、これによって形勢は一挙に逆転して東軍は圧勝、秀秋は思いも寄らず関ヶ原第一の殊勲者になった。

そんなわけで戦後、五十万石を賜るが、わずか二年ののち小早川家は断絶する。秀秋が、後嗣なく死んでしまったからだ。死因は「狂死」だったという。

味方を裏切った慚愧《ざんき》の念からか、秀秋は合戦後間もなく精神に異常をきたして奇行を繰り返したうえ、これを諫《いさ》めた家老・杉原紀伊守《きいのかみ》を手討ちにするという狼藉《ろうぜき》を働く。それがために、家中は混乱を極め、出奔する重臣が相次いだ。三代将軍・家光の乳母春日局《かすがのつぼね》の父・稲葉通政もその一人である。

一説によれば、秀秋の死は「狂乱」ではなく、家中紛乱の最中、家臣に謀殺されたのだともいわれている。もしそれが史実であるとすれば、関ヶ原の勝者がお家騒動で没落した珍しいケースといえよう。

このとき、勝俊と秀秋の実父・家定は、健在だった。この人はいったいどう行動したのだろうか。

姫路城主だった家定は、はじめから東西両軍に与せず、京都で妹のおねを守護していただけだった。だから、戦後はとくに処罰されなかった。

ただ戦後は、姫路城は池田輝政《てるまさ》が支配するところとなり、家定は備中国《びっちゅうのくに》賀陽《かよう》・上房《じょうぼう》両郡のうち二万五千石を賜って足守《あしもり》藩を創設した。

勝俊のすぐ下の弟で若狭国高浜《たかはま》城主として二万石を領していた利房は、西軍についたので戦後は勝俊同様、すべての領地を奪われた。

これに対して家定の三男・延俊は、摂津国駒林《せっつのくにこまばやし》にわずか五百石の領地しか持っていなかったが、天下分け目の合戦では父に代わって姫路城を守護していた。先に述べたように（111ページ）細川幽斎の娘を妻としていたことで、はじめから東軍に味方したため、戦後は一躍大名に取り立てられ、豊後国速見《ぶんごのくにはやみ》郡のうち三万石を下賜《かし》され、日出《ひじ》城を築城し、日出藩を創設した。

このように、木下一族はこの大合戦で、大きく明暗を分けるかたちになったのである。

歌に生きる

では、武の道を捨て、歌に生きる決意をした木下勝俊の後半生を見ていこう。

勝俊は、京都の東山《ひがしやま》に隠棲する。東山の阿弥陀ヶ峰《あみだがみね》には秀吉が葬られていることから、この地を選んだのかもしれない。

勝俊は、東山霊山《りょうぜん》に山荘「挙白堂《きょはくどう》」をつくり、長嘯子《ちょうしょうし》と号するようになる。この号は、唐の詩人で詩仏とうたわれた王維《おうい》の詩からとったようだ。王維の別荘に竹里館《ちくりかん》があるが、それをうたった詩「竹里館」に長嘯という語句が見える。

獨坐幽篁裏　彈琴復長嘯　深林人不知　明月來相照

というものだ。読み下しにすると、

「獨《ひと》り坐す　幽篁《ゆうこう》の裏　琴を彈き　復《また》張嘯　深林　人知らず　明月　来って相照らす」となる。

長嘯とは、口をすぼめて声を長く引いて詩を吟ずることをいうのだそうだ。

長嘯子と名乗る前、すでに正妻の於梅とは別離していたらしい。いや、離縁されてしまったのだろう。彼女は、勝俊が伏見城を勝手に撤収すると知り、呆れかえったようで、剃髪《ていはつ》して京都に移り住んでしまった。

勝俊の家臣団も、完全に離散したらしい。その後、家臣たちと勝俊の交流をほとんど見出すことができないから、おそらく家臣たちも勝俊の伏見城離脱は青天《せいてん》の霹靂《へきれき》であり、あまりに身勝手な勝俊の行動を怨んでいたと思われる。

ところで、長嘯子が造った山荘・挙白堂の様子は、彼の歌集『挙白集』に詳しく載っている。先の宇佐見美喜三氏（110ページ）がそんな山荘での長嘯子の日常を再現しているので、以下に紹介しよう。

「常に住む所には函丈《かんじよう》（多分書斎の意に用ひたのであらう）二間をば殊に設けて、右の壁に杜少陵の詩や古人のあはれなる和歌が色紙に書いて貼つてある。時には自分の拙《つたな》い言の葉も傍に書きつけておく。今一間には唐土の書一千五百巻・勅撰集・歌合・物語・草子・家集の書凡《おおよ》そ二百六十部ほどが集めおかれてあつて、之を閑居の徒然《つれづれ》に随手乱抽して読み、無聊《ぶりよう》を慰《なぐさ》める」（前掲『和歌史に関する研究』）

このように、挙白堂には古人や自分の詩や和歌を書き付けた色紙がたくさん貼ってあるとともに、膨大な書が所蔵されていたことがわかる。

また、山荘の周りの風景についての記述もある。

「前の谷には長嘯橋を架け、渡って先に百尺余行くと竹林に至る。山は深くはないが、四時の景趣はとりどりにあはれである。坤《ひつじさる》の方に造つた小庵は、歌仙堂《かせんどう》と名づけて、歌仙の像を板一つに四人づつ彫り入れ、数九枚、長押《なげし》の上に懸け連ねてある。また後方の岡には待必楼があつて、月を待つに便りが宜《よ》い。楼の東には数十畝《せ》の園を設け、瓜を作り菜を植ゑる。独り居の侘しい時には、南窓に王義之《おうぎし》（中国の書家）の右摺《すり》を習ひ、窓外の景のいはんかたなき折々は絵も書きたく思ひ、巨勢《こせ》のなにがしを羨ましく思ふ。琴は弾くわざを知らぬが、傍において弄《もてあそ》ぶ。気結ぼほれ物むづかしい折には、香を焼いて、清く涼しい匂ひに思ひをやる。人が来れば巽《たつみ》の松堂台に上つて都の景を見下す。また山の南の見晴しのよい鳥羽観（庵《あん》）へ散歩することもある。さうして『ひとへに静なるを業とし、安きをことゝして、たゞこのあるじとなりおほせたるをよろこぶ』のである」（『前掲書』）

まさに自然と親しみつつ、長嘯子は悠々自適の生活をはじめたのである。

関ヶ原合戦の翌年には、自分の山荘で歌会を催し、当時歌人として有名な松永貞徳《ていとく》をはじめ多くの貴族たちが集まっている。また、家康の儒学の師となった藤原惺窩《ふじわらせいか》や幕府の儒者・林羅山《はやしらざん》と親交を結ぶとともに、茶人であり作庭家や建築家としても著名だった小堀遠州《こぼりえんしゅう》などに和歌の手ほどきをしている。

まさかの大名復活

慶長十年（一六〇五）になると、叔母である北政所（故・秀吉の正室）が、朝日（長嘯子の祖母で北政所の実母）の菩提を弔うために建立した康徳寺を高台寺《こうだいじ》と改名し、寺町から長嘯子の住む東山へ移した。長嘯子の生活は、この叔母からの援助で成り立っていたようである。北政所は甥である長嘯子をたいへん可愛がったようで、それがのちに大きな事件に発展することになった。

慶長十三年八月二十三日、足守《あしもり》藩主・木下家定が六十六歳で生涯を閉じた。遺領は二万五千石。この領地に関して、家康は、北政所に関ヶ原合戦で失領した長嘯子（勝俊）とその弟・利房《としふさ》に与えるように命じたのである。家康の恩情であろう。

けれど、歌人として世を終えようと考えていた長嘯子にとって、この話は寝耳に水だったはずだ。ただ、これを知った瞬間、長嘯子の心はあっけなく動いてしまった。北政所からの打診を受け、大名に復帰することを諾したのだ。

さて、家定の遺領だが、北政所は親しく交流していた長嘯子に二万五千石のすべてを与えることにしたのである。つまり、利房には何も与えなかったのだ。慶長十四年春のことであった。

長嘯子は、この御礼を述べるため、駿河国駿府《するがのくにすんぷ》にいる家康と江戸の将軍秀忠《ひでただ》のもとへ向かった。だが、家康は北政所が家定の遺領を長嘯子一人に与えてしまったことに激怒し、同年九月、「老いて北政所は惚けてしまったのではないか」と激しく非難し、家定から引き継いだ長嘯子の領土を、すべて幕府が没収してしまったのである。

こうして大名として復活したものの、わずか数か月で長嘯子は再びすべてを失ってしまった。この措置に責任を感じた北政所は、自分の隠居料のうちから摂津国《せつつのくに》平野二百石からの年貢を長嘯子に与え、以後もその生活を援助してやったようだ。

それから六年後の慶長十九年から翌年にかけて、大坂の役（冬の陣、夏の陣）が起こった。このおり、長嘯子の弟・利房は徳川方として参戦している。このときの軍功により、利房は家定の遺領二万五千石を継承することを認められ、大名として復活をとげ、足守藩主となったのである。

その後利房は、寛永二年（一六二五）に禁裏御番と称する御所の警備を任されて京都に住し、将軍家光の上洛にも付きそった。そして寛永十四年に六十五歳で死去し、北政所の建立した高台寺に葬られた。

歌人として生き抜く

では、大坂の役の際、長嘯子はどのような行動をとったのだろうか――。

彼はもはや、武功をあげて大名になるという夢はすっぱりとあきらめ、そのまま歌人としての生活を続けた。

そしてそれからも、死ぬまでそのかたちを曲げることはなかった。

すでに長嘯子も四十代後半にさしかかり、ますますその歌才に磨きがかかっていった。その革新的で大胆な歌風は、急速に支持者を増やし、松永貞徳《ていとく》と歌壇を二分するほどになっていった。

しかし、保守的な歌を好む貴族のなかには、長嘯子に反発する者も現れ、「長嘯子は武家の歌詠みに過ぎぬ」と賤《いや》しめようとしたが、時の後水尾《ごみずのお》天皇も大変長嘯子の歌を愛したので、歌壇から排除することができなかったという。

また、三代将軍徳川家光も長嘯子の歌をとても好んだようだ。家光の乳母で絶大な権力を誇った春日局や仙台藩主・伊達政宗なども長嘯子と会って、歌を詠ったり歓談するなどの交流があったことも判明している。

だが、後妻や子供たちに次々と先立たれ、後援者であった北政所が寛永元年に没し、弟の利房も寛永十四年に死去すると、長嘯子の生活はだんだんと苦しくなったようだ。

寛永十七年、ついに長嘯子は東山の山荘を手放し、小塩山《おしおやま》へ転居した。この時期、金を借用する際に詠んだ歌が残っており、転居は経済上の理由であることは間違いないだろう。どうやら小塩山の近くに立つ勝持寺《しょうじじ》の住持《じゅうじ》・忠海の招きで住居を移したらしい。

やまふかく　すめるこころは　はなぞしる　やよいざさくら　ものがたりせむ

この歌は、転居の頃のものらしい。深山に移り住んだ自身の心情を歌っている。だが、正保二年（一六四五）には支援者であった忠海も没してしまう。このため、ますます長嘯子は落魄《らくはく》していったと思われる。とはいっても、多くの弟子がおり、生きていくうえでは支障はなく、自然を愛でつつ晩年を小塩山で過ごしたのだった。

そして、失領してから半世紀が過ぎた慶安二年（一六四九）六月十五日、長嘯子は八十一歳の生涯を閉じた。その庵には頻繁に弟子たちが出入りしていたものの、その日は訪ねる人もなく、誰にも看取られることなく、たった一人で死んでいったと伝えられる。

だが、それが長嘯子にとって淋しい死であったかどうかわからない。むしろ、自然のなかに抱かれながら静かに生を終えることは、彼の本望だったような気がする。

関ヶ原の失領大名として、一瞬復活をとげた長嘯子だったが、大坂の役という再度のチャンスをあえて見送り、一歌人として生きるという道を選択した。

晩年は、落魄《らくはく》しつつあったものの、おそらく己の選択に悔いはなかったと思う。長嘯子の死後まもなく、弟子たちによって長嘯子の膨大な歌集『挙白集』が刊行された。その後も長嘯子の歌流は、多数の文化人に絶大な影響を与え続けた。元禄時代に蕉風俳諧を確立した、あの松尾芭蕉も、長嘯子の影響を受けていることが判明している。

そして現代においても、木下長嘯子は歌壇に大きな力を持ち続けているのである。

第四章

異色の復活大名たち

十数年の努力で復活した粘り勝ちの男　岩城貞隆

東北の名族岩城と佐竹の攻防戦

失領し、牢人してから十数年過ぎても、御家再興をあきらめずに復活した男がいた。己の努力によって実力で運命を切りひらいたのである。

それが、陸奥国《むつのくに》の岩城貞隆《いわきさだたか》である。

岩城氏は、平繁盛《たいらのしげもり》を始祖とする一族である。繁盛というのは、平将門《まさかど》と戦って討たれた将門の伯父、平国香《くにか》の子供にあたる。その子孫は、のちに海東《かいどう》岩城郡を領するようになって「岩城」の姓を名乗り、室町時代半ばに居城を大館《おおだて》城（現在の福島県いわき市好間《よしま》町）に移した。やがて岩城郡、岩崎郡、楢葉《ならは》郡、菊多郡など合わせて約十二万石を支配するようになり、そのまま戦国大名に転身していった。

戦国時代の岩城氏は、隣接する有力大名である常陸の佐竹《さたけ》氏や陸奥の伊達《だて》氏と姻戚関係を結びつつ、時には対立するなどして、巧みに領国を保持してきた。

しかし、当主の岩城親隆《ちかたか》の嫡男・常隆《つねたか》が佐竹義昭《よしあき》の娘の子であった関係から、親隆が病に倒れると、常隆の叔父にあたる佐竹義重《よししげ》が幼い常隆の後見人となった。その後、佐竹家臣団が岩城氏のもとにどんどん派遣され、たちまちにして岩城氏は佐竹義重に実権を握られてしまったのである。

このため岩城常隆は、佐竹義重に属して周辺大名とともに陸奥の伊達政宗と対立するようになった。常隆は、会津の名族・蘆名《あしな》氏や下総国相馬《しもうさのくにそうま》郡を本拠とする相馬氏などの近隣大名たちと連携して、強大化する伊達政宗に戦いを挑んでいった。

ところが、若き政宗は、すさまじい勢いで己の勢力を膨張させていったのだ。天正十七年（一五八九）の摺上原《すりあげはら》の戦いでは、蘆名義広《よしひろ》を破って会津領を我がものとしてしまった。

実は蘆名義広は、養子として蘆名家に入った佐竹義重の次男であった。戦いに敗れた義広は、そのまま義重を頼って常陸国へ逃れた。これにより、蘆名氏は完全に衰退してしまう。

摺上原の戦いで蘆名義広が大敗を喫し、さらに須賀川を拠点とする岩瀬二階堂氏が政宗に滅ぼされたことで、常隆はついに、かつて伊達氏から奪った田村郡を返還し、政宗の軍門に下ったのである。

しかし、翌年、そんな状況が一変する出来事が起こった。

天正一八年（一五九〇）、豊臣秀吉が北条《ほうじょう》氏（後《ご》北条氏）を倒すため、二十万の大軍を引き連れて小田原城を囲んだのである。

秀吉は、関東・東北地方の諸大名に対し、小田原に参陣するよう命じた。これにより、伊達政宗も、義重の跡を継いだ佐竹義宣《よしのぶ》も、小田原へ出向かなくてはならなくなった。

当時、岩城常隆は重い病にかかっていたが、もし秀吉のもとへ参上しなければ領地を召し上げられてしまうかもしれない。実際、遅参した伊達政宗は、会津領を没収されてしまっている。

それゆえ常隆は、病をおして小田原に参陣し、どうにか領地を安堵《あんど》してもらったのだった。

しかし、そうした無理がたたって、帰国する途中の相模国星谷《ほしがや》において、岩城常隆は死去してしまったのである。弱冠二十四歳であった。

常隆には実子の政隆《まさたか》という男児がいたが、なんと、佐竹義宣は秀吉の許可を得て自分の弟（義重の三男）能化丸《のうけまる》を強引に岩城氏の養子に押し込み、さらにその能化丸を秀吉に謁見《えつけん》させ、岩城氏の家督を相続させることに成功したのである。このとき能化丸はわずか八歳であったが、まもなくして元服し、岩城貞隆と名乗った。そして三十数名の佐竹家臣とともに岩城領に入った。

なお、常隆の実子だった岩城政隆は岩城領から追放されてしまったが、その後、縁戚関係にあった仙台藩主・伊達政宗のもとに身を寄せた。やがて政隆は五千石と伊達姓を与えられ、伊達家の重臣になっている。

佐竹氏、合戦二年後の減封

慶長七年（一六〇二）五月八日、京都の伏見屋敷において、岩城貞隆の実兄・佐竹義宣は、徳川家康の使者から突如転封を申し渡された。これは、天下分け目の関ヶ原合戦のとき、日和見《ひよりみ》的中立を守ったことへの懲罰的処置だといえた。

義宣は、西軍の実質的なリーダーである石田三成と親交が深く、父の義重や重臣たちの反対を押し切って、関東という徳川家の至近に領地を持ちながらも、東軍にはっきりと味方しなかったのである。

こうしたことが転封の主因だと推測されるが、すでに関ヶ原合戦から二年近くが経過しており、家康に反抗した大名は皆、改易や減封処分は済んでいる。

なぜこの時期になって、突然、佐竹義宣は処分されたのだろうか――。

一説には、常陸の外様大名である佐竹氏を追い払い、譜代・親藩大名で関東地方を固めようと家康が意図したからだという。または、関ヶ原合戦時における会津の上杉景勝との密約が露見したからだとも言われるが、本当の理由は謎である。

「出羽国の内、秋田・仙北両所を進め置き候。全く御知行有るべく候なり」

これが、徳川家康が義宣に与えた知行《ちぎょう》朱印状だった。奇妙なことに、朱印状には石高が明示されていなかった。

そこで義宣は、転封に先立って、家臣の和田昭為《あきため》を新領地へ遣わして検地を進めさせた。すると、新しい領地は二十万石にさえ達しないことがわかった。常陸五十四万石のわずか三分の一にすぎなかったのである。

このため、すべての家臣を連れてゆくわけにいかなくなり、常陸で多くの人々を召し放ち、秋田へ従う者は一門・譜代合わせて九十三騎、雑兵を加えても、その数に二千人にも満たなかったと伝えられる。

まさかのとばっちり失領

このおり、義宣の弟である岩城貞隆にも処分が下されたが、それは、義宣をはるかに上回る過酷なものだった。

なんと、十二万石の領地すべてを召し上げられてしまったのである。つまりは、御家断絶処分であった。

これで、平安時代より続いた伝統ある岩城家臣団は離散してしまった。彼らの多くは旧領に残って新しい領主に仕えたり、豪農として土着する道を選んだ。もちろん他家に仕えた者もいた。さらに、佐竹氏のもとから出向していた武士たちのなかには、秋田へ赴く者もいたらしい。

ちなみに貞隆は、天下分け目の合戦のとき、兄の義宣に従って最終的には日和見的態度をとったものの、当初はむしろ、積極的に徳川家康に加担するつもりでいたのだ。すでに上杉景勝を攻撃する用意まで整っていたという。

ところが兄の義宣が「徳川方についてはならぬ」と言ってよこしたため、仕方なく形勢を傍観することになったのである。

そういった意味では、今回の改易は、極めて不公平な措置だといえた。だから、この処分を知ったとき、貞隆はただちに兄の義宣に挙兵を迫ったといわれる。しかし、義宣はその進言を拒み、兄弟の間は一時不和となったようだ。

兄弟の仲の悪さは、佐竹義宣が新しい領地をほかの弟たちに与えたのに、貞隆には一切与えなかったことでもわかるだろう。

粘り勝ちの復活劇

貞隆は失領をしたとき、まだ二十歳の青年であったが、血気盛んだったのだろう。兄に領地を懇願することなく、自分のもとに残った四十二名の家臣たちを引き連れて江戸にのぼった。そして浅草《あさくさ》に住み、幕府に対して御家再興運動を展開したのである。

貞隆は毎日、飯野八幡宮《いいのはちまんぐう》（平八幡）に行き、御家が再興できるように願文を捧げていたという。家臣たちも貞隆とともに主家再興に努力したようで、この主君と苦労を共にした四十二人の家臣に対しては、次代の当主・岩城吉隆《よしたか》が寛永二年（一六二五）に感謝の黒印状を与えている。

さて、その後の義宣との関係だが、実母が両者の仲をとりもって和解し、以後は義宣も積極的に貞隆の活動を後援するようになった。

一説には、義宣は貞隆を秋田に招こうとしたという。が、貞隆はそれを固辞して再興運動を続けたようだ。貞隆は、あくまでも独立大名としての復活を目指していたのであろう。

やがて貞隆は、家康の寵臣である本多正信《まさのぶ》に、三百人扶持《ふち》で仕官することに成功した。

そして、大坂冬の陣と夏の陣で、貞隆は本多隊に属して戦功をあげるのである。

翌年の元和二年（一六一六）、ついに貞隆は、信濃国川中島《しなののくにかわなかじま》（現在の長野県下高井郡木島平村《きじまだいら》）に一万石を与えられ、念願の大名に復帰したのだった。牢人してからすでに、足かけ十四年の月日が過ぎていたが、それでも御家再興をあきらめなかったことが、この結果につながったのだ。

実は貞隆が御家再興活動のなかで、ツテをたどって天海《てんかい》僧正を頼り、そのおかげで大名に復帰できたとする説がある。

天海は、仙波喜多院（現在の埼玉県川越市）の住持《じゆうじ》だったが、関ヶ原合戦後、家康の知遇を得て、ブレーンの一人に抜擢された僧侶である。その生まれについては諸説あるが、会津に誕生し、各地を修行して遊学したのち、天正五年（一五七七）に会津の蘆名氏に仕えたとする説がある。

先にも述べたとおり、岩城貞隆の兄の義広は、かつて蘆名氏の家督を相続している。それゆえ、義広を通じて貞隆が天海の知遇を得、その政治力を頼り、天海を通して徳川将軍家に御家再興を願った可能性も十分に考えられるのだ。

このように、貞隆が大名に復活できた理由は、やはりあきらめなかったことにあっ

御家再興のために岩城貞隆が頼った天海（川越喜多院）

たのだと思う。
　復活まで十四年という歳月を要している。その間に、嫌気がさしてしまったことは一度や二度ではなかったはず、しかしながら、貞隆はついぞ己の夢を捨てなかった。そのしぶとさが、最後に勝利をもたらしたのである。
　さらにいえば、そんな貞隆を、周囲の者たちが熱烈に援助したというのが大きいといえる。
　実際、大名が失領すると、その家臣団は数年を経ずして完全にちりぢりになってしまうのが常。ところが貞隆のもとには、四十二名もの家来がそのまま残って、十数年間にわたって若き旧主を支え続けている。

兄の佐竹義宣も、和睦してからは、積極的に資金援助をおこなっている。

これはおそらく、「見ていて放っておけない」、「なんとか助けてあげたい」そう思わせる不思議な魅力を、岩城貞隆という人物が持っていたからではないだろうか。

岩城氏、佐竹家当主になる

元和《げんな》五年（一六一九）、新領地の川中島へ代官として赴く小川源兵衛に対して、貞隆は次のような書簡を与えている。

「前領主が土木事業に広く農民を動員して、かなり彼らに負担をかけたので、よく領民の声を聞いて適切な対応を速やかにとれ。民政において決断に悩むことがあれば、すぐに使いを遣わして私の判断を仰げ。現地で役人を十人程度採用し、彼らを信頼して家中《かちゅう》同然に仕事を申し付けよ。なお、給与は足軽なみ以上に支払ってやれ。また、もし前領主に扶持をもらっていた有能な者があれば、自家のためになるので取り立てよ」

このように、新地支配の心得を丁寧に諭している。この書簡を読むだけで、岩城貞隆が人心を収攬《しゅうらん》する術に秀《ひい》でた名君だったことがよくわかる。

だが、天はそんな貞隆に、大名としての領地支配を十分におこなわせる時間を与えなかった。その翌年の元和六年十月十九日、貞隆は江戸において死去してしまったのである。まだ三十八歳の若さであった。

ただ、すでに貞隆の嫡男・吉隆は十二歳に成長していたことから、岩城家は吉隆が当主として存続することを許された。

二年後には一万石を加増され、川中島から羽後国《うごのくに》由利《ゆり》郡亀田（現在の秋田県由利本荘市岩城亀田）へ転封となった。この加増に関しては、吉隆の功績というより、父貞隆の幕府に対する忠節が認められた結果だと思われる。

ちなみに、幼い吉隆が亀田藩の当主になったことで、岩城氏は佐竹義宣の保護を受けるようになったが、寛永三年（一六二六）、義宣は嗣子《しし》がなかったため、なんとこの吉隆を自分の跡継ぎとしたのだ。

寛永十年、義宣が六十四歳で没すると、亀田藩は吉隆の叔父宣隆《のぶたか》（宣家）が継ぎ、吉隆は佐竹氏の家督を継いで、第二代秋田藩主となったのである。
もし、貞隆が存命であったなら、これを知ってさぞかし喜んだことだろう。

旧領を上回る石高で復活した奇跡の男　新庄直頼

一代で出世する直頼

関ヶ原合戦における失領大名のなかで、かつての領地を上回る石高を与えられて復活した稀有《けう》な大名がいる。復活するだけでも難しいご時世に、これはまさに偉業といえよう。それをなしとげたのが、新庄直頼《しんじようなおより》である。

新庄家は、平貞盛《たいらのさだもり》とともに平将門《まさかど》を倒した武士で、俵藤太《たわらのとうだ》と呼ばれた藤原秀郷《ふじわらのひでさと》の子孫、季俊《すえとし》を始祖とする。名将の血を受け継ぐ一族として、関東を拠点に活動していたが、足利尊氏《あしかがたかうじ》・義詮《よしあきら》父子に仕えた俊名《としな》の時代に、近江国坂田郡新庄の地に移り、姓を新庄と改めたと伝えられる。

戦国時代になると、新庄直寛《なおひろ》が天文七年（一五三八）に足利義晴《よしはる》の命を受けた戦いによって伊吹山山麓で討ち死にした。また、その子直昌《なおまさ》も天文十八年に、三好長慶《ながよし》が叔父の長政《ながまさ》を破った江口の合戦で討ち死にするなど、当主に非業な死が続いた。この

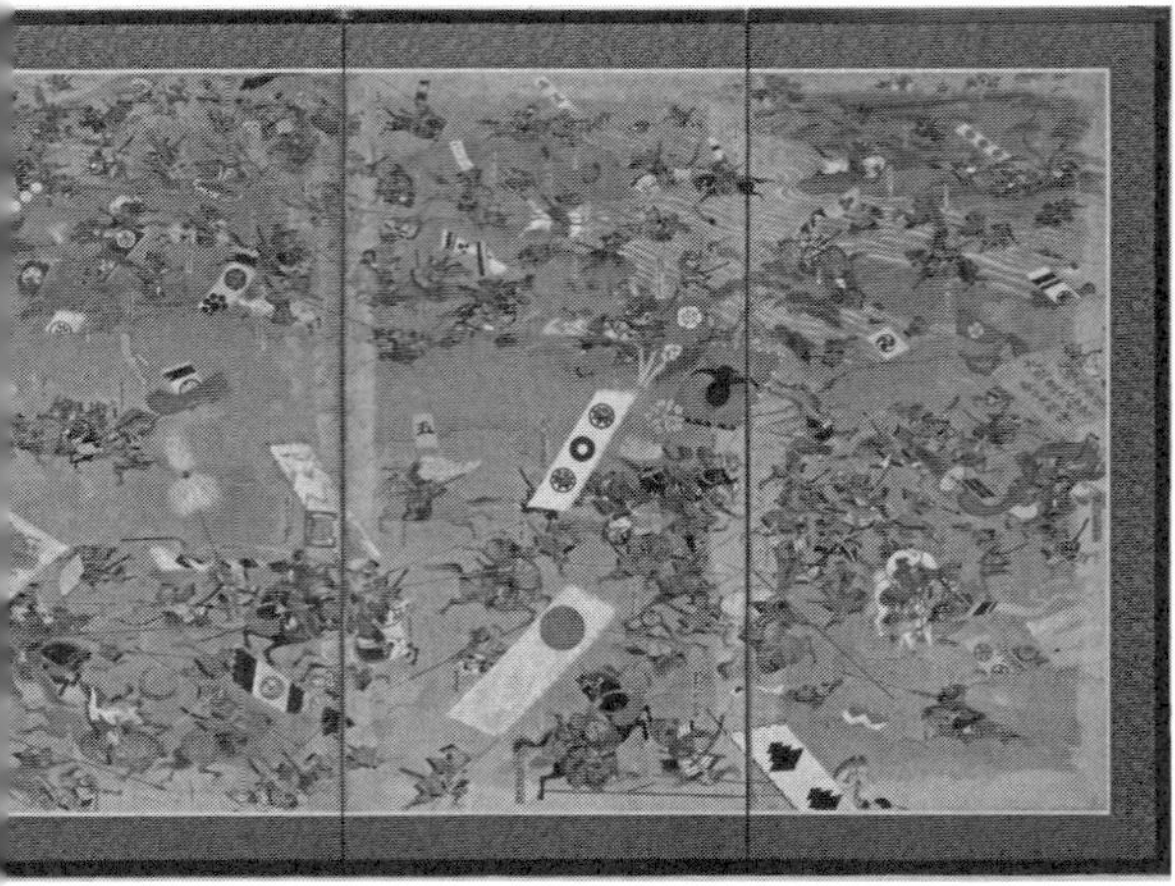

時期の新庄氏は、室町幕府の御家人《ごけにん》として近江国朝妻《あさづま》城を居城としていたが、直昌の死により、その嫡男・直頼は伊賀谷《いがだに》への隠棲を余儀なくされた。

直頼は、祖父の直寛が戦死した天文七年に生まれたというから、このときはまだ十二歳の子供だった。

やがて直頼は、北近江の戦国大名浅井久政《ひさまさ》・長政《ながまさ》父子に仕えるようになった。そして、駿河守《するがのかみ》に叙され、朝妻城主となったのである。

その後、浅井氏に従って歴戦し、元亀《げんき》元年（一五七〇）の姉川《あねがわ》の戦いのときも、千人の家臣を率いて力戦したと伝え

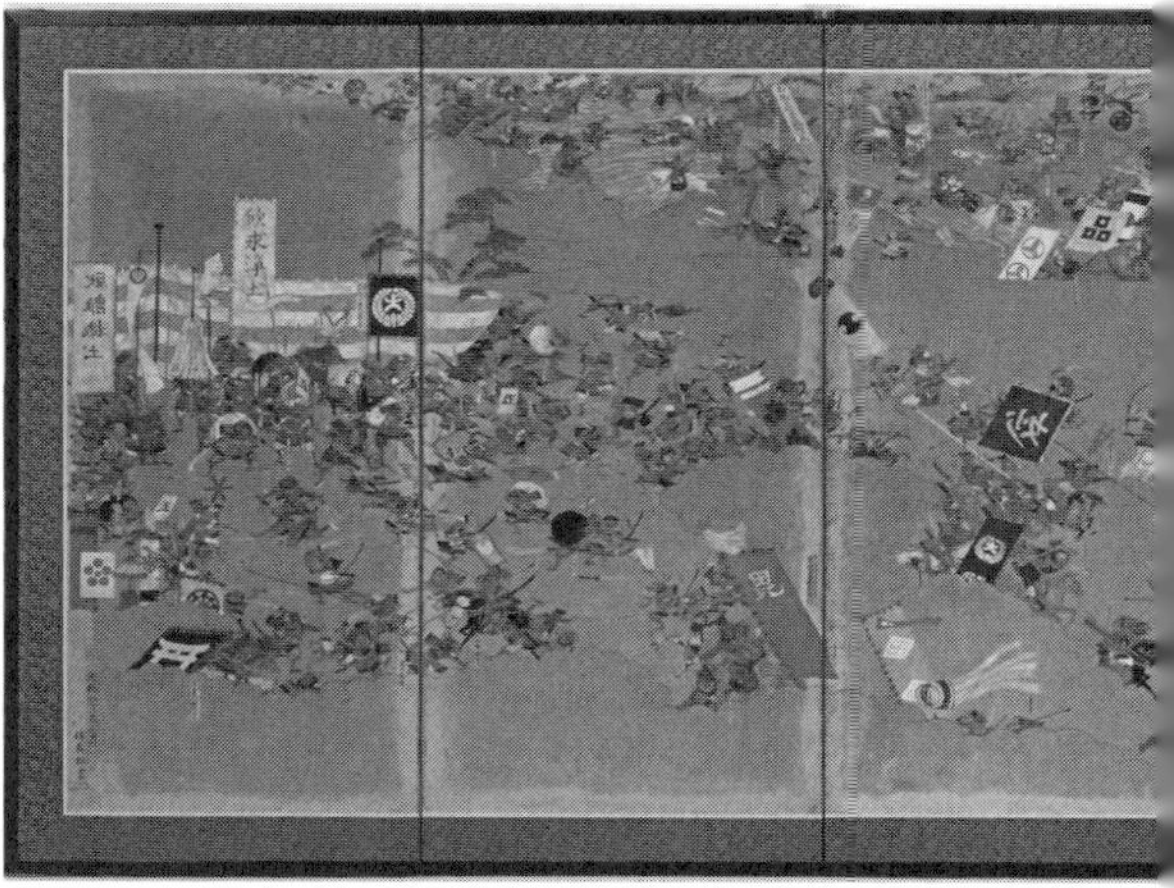

新庄直頼が活躍した姉川合戦（姉川合戦図屛風・福井県立歴史博物館所蔵

られる。

浅井氏滅亡後は、織田信長に服属したが、本能寺の変の後は豊臣秀吉の家臣となり、摂津国《せっつのくに》の山崎城を拠点とした。天正十九年（一五九一）には近江国大津城へ入ったが、このおり一万二千石を賜《たまわ》り大名に列した。さらに文禄三年（一五九四）になると大和国《やまとのくに》宇陀松山城、次いで翌年、摂津国高槻《たかつき》城主へと転じた。その所領は二万六千石（三万石という説もある）だったとされ、やがて秀吉の御伽《おとぎ》衆《しゅう》に任じられた。

このように、直頼は、わずか一代で大出世をとげたのである。

石高増の復活

関ヶ原の合戦で直頼は、西軍に味方をして、東軍方についた筒井定次《さだつぐ》の伊《い》賀上野《がうえの》城を奪取した。このとき、直頼はすでに六十三歳の老年だった。ただ、西軍についた直頼の行動は、本人にとって不本意なものであった。というのは、直頼は家康と親しく、はじめは東軍に味方しようと考えていた。しかし、石田三成や長束正家《なつかまさいえ》など、周りがすべて西軍という状況のなかで、東軍につくことは不可能だったのだ。もし東軍に味方すれば、即座に新庄家は滅ぼされてしまうだろう。このため、余儀なく徳川に敵対することになったのである。

理由はどうあれ、西軍に属したのは事実ゆえ、戦後、新庄直頼は領地をすべて没収され、会津を下賜《かし》された蒲生秀行《がもうひでゆき》に預けられた。ただこのおり、家康は秀行に、

「直頼父子すでに賊徒《ぞくと》に与《くみ》すといへども、旧好を忘れるべきものにあらず、蒲生と新庄は其先同国の因《よすが》あれば、会津に相具《あいぐ》して居住せしめよ」(『寛政重修諸家譜』)

と述べており、旧交があったことを理由に、同じく近江国《おうみのくに》出身の蒲生氏に直頼の身柄を会津に移す配慮をしている。

そして、それから四年後の慶長九年（一六〇四）、新庄直頼は罪を許されて家康と秀忠に謁見し、常陸国行方《なめがた》郡などに三万三千石を与えられている。つまり、旧領を上回る石高を与えられたのである。関ヶ原合戦における失領大名のなかで、これはめったにないことであった。直頼がとくに熱心な再興運動をしたという事実は、残っている記録からは見出すことができない。また、この間における、徳川家に対するずば抜けた忠節も見られない。

たぶん家康は、はじめから直頼を赦免するつもりでおり、世間体を考えて一時的な懲罰を与えたに過ぎなかったようだ。直頼は、家康より四歳年長であり、互いに戦国の世を生き抜くなかで、なんらかの「旧交」があり、親しい間柄であったのだろう。残念ながら、この家康と直頼の旧交が、どのようなものであったのかは定かではないが、家康や秀忠との関ヶ原合戦前における人間関係の「粗密《そみつ》」が、失領大名の命運を分ける一つの要素になっていることは確かだといえる。

さて、いきなり三万石の大名に復帰できた新庄直頼だったが、すでに旧家臣団は離散してしまっていた。このため直頼は、新庄一族を中心に、旧臣たちを掻き集めた。

しかし、それでも数がまったく足りなかったため、関ヶ原合戦で失領した近江周辺の城主たちを家臣として招き、現地の行方郡に土着した佐竹氏の旧臣たちも採用し、どうにか新家臣団を組織した。かくして行方郡麻生《あそう》（現在の茨城県行方市麻生）を根拠地とする麻生藩が成立したのである。

なお、直頼は、一度は徳川に敵対して領地を没収された大名として、自分の立場に遠慮したのだろうか、与えられた領地に本格的な陣屋《じんや》（大名の居所）を構築することはなかった。

そして直頼は、それから八年の歳月を生き、慶長十七年（一六一二）十二月十九日に七十六歳の生涯を閉じた。

藩領は、翌年に嫡男・直定《なおさだ》が継承したが、このおり直定は、弟の直房《なおふさ》に三千石を分け与えて分家を創設している。新庄家存続のための、万が一の方策であろう。

麻生藩はその後、分家から養子を得るなどして順調に続いていったが、五代藩主直《なお》矩《のり》が嗣子《しし》無くして急死したため、御家断絶となってしまった。

だが、幕府はそれから二か月後、前藩主直時《なおとき》に一万石を与え、麻生藩の存続を許したのだった。こうして再興された麻生藩は、そのまま一万石の大名として明治維新を迎えることができた。きっと、家康と直頼の旧交を知っていた徳川家が、亡き家康の思いをくんで、新庄氏の大名存続を認めたのかもしれない。

三天下人に抜擢されたできる交渉人　滝川雄利

かずかずの難局に関与

仕えた主君がたびたび滅んだり、衰退したにもかかわらず、己の才覚で生き残り続けたできる男がいた。それが、滝川雄利《たきがわかつとし》である。

滝川雄利は、一介の僧侶でありながら、戦国大名にまでのし上がった男であった。伊勢の国司大名北畠《きたばたけ》氏の一族に、木造《こづくり》氏という有力な一門があり、雄利はこの木造氏の出だったといわれる。源浄院主玄と名乗る僧侶となった雄利は、宗家の木造具《とも》政《まさ》に仕えていた。

この頃の織田信長は、天下統一のために上洛をもくろみ、伊勢地方をなんとしても支配下におきたかった。そこで、伊勢国司として一大勢力を誇っていた北畠氏を排除すべく、伊勢国へ侵攻を開始した。

北畠家当主の具教《とものり》は奮戦したものの、弟の木造具政が信長に寝返ったことで、次々と城を落とされ敗退してしまった。実は、木造具政に対して織田氏に荷担するよう強く進言したのが雄利であった。

おそらく雄利は、当時破竹の勢いであった織田信長に、天下人の資質を見抜いたのであろう。結果的に、具政のこの寝返りが大きな転機となり、織田氏は伊勢地方を平定し、支配することになったのである。

雄利のこの働きを評価した信長の重臣・滝川一益《かずます》は、彼を娘婿にした。以後、雄利は滝川姓を名乗るようになる。

やがて、信長の次男・信雄《のぶかつ》が、北畠氏の家督を継ぐことになると、雄利は、信長から その才能を見込まれ、信雄付の家老として北畠家に入った。このように雄利は、単なる僧侶から、伊勢国守護家の重臣にまで成り上がったのである。

天正十二年（一五八四）、雄利の主君・織田信雄は徳川家康と結んで、羽柴秀吉と戦った。世に言う小牧《こまき》・長久手《ながくて》の戦いである。

このおり雄利は、松ヶ島《まつがしま》城に籠城《ろうじよう》して羽柴方に抵抗したが、多勢に無勢で、追いつめられてしまった。そのとき、慶宝という尼僧の仲介によって、城を羽柴方に明け渡したと伝えられる。

結果的に、伊勢方面の戦局は秀吉軍優勢のうちに進み、信雄は秀吉と単独講和をすることになった。これを実現させたのが雄利だったといわれ、それが秀吉に着目されるきっかけとなった。

ちなみに家康は、信雄が秀吉と和睦してしまったことで、戦いの名目を失って、浜松城に撤収する。

秀吉は、そんな家康を臣下に加えるため、妹の朝日《あさひ》姫を家康のもとへ遣わしたのである。このときも、雄利は朝日姫に付き添い、豊臣と徳川の講和を斡旋《あっせん》したといわれる。

秀吉にとってこの小牧・長久手の戦いは、信雄の服属を確実にし、家康を自分の配下におさめるきっかけをつくった重要な戦いだった。そんな大事な局面で雄利は、信雄と秀吉との単独講和を成功させ、さらに秀吉と家康との講和も斡旋しているのである。この雄利の交渉力が秀吉に買われたのだろう、さらに雄利は、秀吉によって取り

神戸城跡。豊臣秀吉によって滝川雄利が城主となった

立てられていくことになる。

　天正十八年、天下を統一した秀吉は、織田信雄の領地を没収した。秀吉から家康の旧領へ移るように命じられた信雄が、それを拒んだからである。

　しかし、このとき秀吉は信雄の家老であった雄利を直臣に取り立て、羽柴姓を与えたうえで、神戸《かんべ》城主（二万石）に登用したのである。よほど雄利の能力を買っていたことがわかる。さらに、文禄四年（一五九五）、雄利は五千石の加増を受けた。

　ところが同年、関白豊臣秀次《ひでつぐ》が粛清さ

れたとき、これに連座して一時、所領を召し上げられてしまった。だが、まもなく秀吉の御伽衆《おとぎしゅう》となり、改めて三万石を賜っている。いずれにせよ雄利は、一代にして大名に栄達したのである。

沈没しなかった真の理由

この雄利は関ヶ原合戦のとき、秀吉恩顧の家臣として西軍に属することになった。雄利は合戦当日、伊勢口を固めていたというが、西軍が瓦解するとすぐに国元に戻り、神戸城に立て籠もったため、戦後は所領没収となった。

けれども、翌慶長六年（一六〇一）、家康から常陸国新治《にいはる》郡片野《かたの》二万石を与えられ、大名に復帰している（慶長八年説もある）。これは私が知る限り、関ヶ原失領大名の最も早い復活劇である。

小牧・長久手合戦後、雄利は豊臣秀吉の使いとして何度か浜松へ出向いて豊臣・徳川の講和斡旋をしており、おそらくこのとき、家康からも強い信頼を得たのであろう。このように、滝川雄利という男は、信長、秀吉、家康の三天下人すべてに気に入られ、彼らから抜擢《ばってき》されて陽の当たる世界を歩き続けた。

決して先見の明があったわけではない。なぜなら、自分が仕えた木造氏や織田信雄、豊臣家などは、いずれも滅んだり、衰退してしまっているからだ。関ヶ原合戦で西軍についたのも大きな失敗だったといえよう。

それでも滝川雄利は、沈没することはなかった。

いったい、彼のどのような点がすぐれていたのだろうか。

秀吉や将軍秀忠の御伽衆に列しているから、弁舌がさわやかだったことは間違いない。さらに、太閤検地《たいこうけんち》では、伊勢国の検地奉行をつとめているので、官僚としての才もあったようだ。

しかしながら、それだけではこの厚遇は到底説明できない。

一つ言えることは、滝川一益、織田信長、織田信雄、豊臣秀吉、そして徳川家康に重用されていることでわかるように、相当に引誘力のある男だったのだろう。

事実、雄利は主君たちが天下をとるための重要な局面で、主要人物を寝返らせたり、講和を成功させるなどして、勝利に貢献している。きっと、実際に会って話をすると、たとえ天下人であっても、その心をとろけさせてしまうような不思議な魅力を持っていたのではなかろうか。どんな困難な交渉ごとでもまるくおさめる、戦国時代の名ネゴシエーターであったに違いない。

戦国時代は、強さだけではなく、雄利のように、ものごとを調整していく能力も必要とされていたのである。

慶長十五年（一六一〇）二月二十六日、雄利は六十八歳の生涯を閉じた。

雄利の死後、その家督は嫡男の正利《まさとし》が継承した。しかし、正利には跡継ぎがいなかったうえ、とても病弱だったため、大御所・徳川秀忠は寛永二年（一六二五）、片野藩領二万石のうち一万八千石を召し上げてしまった。こうして滝川氏は、二千石の旗本に転落してしまうのである。

つまり二万石という石高は、滝川雄利個人の、男の値打ちだったわけだ。

来島康親

コネに翻弄された水軍の一族

瀬戸内海の海賊・来島氏

どんな仕事や商売であっても、人間関係は非常に重要である。どれだけ広い付き合いがあるかも大事だが、やはりどれだけの有力者と深い関係で繋がっているかが、成功のカギとなろう。

それは戦国時代も同じことだった。戦国大名たちが通婚によって互いに縁戚となったのも、いざというとき、その縁故を利用してうまく家を存続させるためだった。

だが、縁故やコネは、あくまでも頼る人物次第というところがある。もしも、相手が失脚してしまったなら、その火の粉はもろに自分のところにかぶってくるからだ。

まさに、本編の主人公、来島康親《くるしまやすちか》は、コネによって運命を左右された人物であった。

もともと来島氏は、瀬戸内海最大の海賊勢力、村上水軍の中心勢力の一つであった。

瀬戸内海は古代から海上交通の大動脈である。そのため往来する船から税を徴収し、ときにはこれを襲う海賊たちが、各島に盤踞《ばんきょ》していた。村上水軍の村上一族は、形式的には伊予国の守護大名河野《こうの》氏に属するかたちをとっていたが、実際には、因島《いんのしま》、来島、能島《のしま》に拠点をかまえ、互いに連携を保ちつつ、因島衆、来島衆、能島衆としてそれぞれが独自の行動をとっていた。

村上水軍は、天文《てんぶん》二十四年（一五五五）、毛利元就《もとなり》と陶晴賢《すえはるたか》の厳島《いつくしま》の戦いでも、大きな役割を演じている。この戦いは、巨大勢力である陶晴賢軍を元就が巧みに厳島に誘い込み、夜中、嵐のなか海上から上陸を敢行して、見事に晴賢を討ち取った有名な奇襲戦である。

実は、この作戦の可否は、水軍の村上氏が毛利方に味方してくれるかどうかにかかっていた。すでに合戦前、村上水軍のうち因島衆は毛利氏への荷担を約束していたが、能島衆や来島衆は去就を明らかにしていなかった。そこで元就は、三男で小早川水軍を率いる隆景《たかかげ》に強く両衆に働きかけさせていた。

17歳の若さで来島軍を指揮することになった来島康親（安楽寺所蔵）

この結果、説得に応じて能島衆と来島衆は毛利方につくことになった。これにより、毛利水軍は陶水軍に匹敵する規模となり、この合戦に勝利することができたのだった。

その村上水軍のなかで、最も大きな勢力を誇ったのが、来島城という難攻不落の海の要塞を拠点とする来島衆であった。その所領は、伊予国野間郡、越智《おち》郡、風早《かざはや》郡などに点在していた。

そんな来島衆のリーダー・来島通康《みちやす》は、主君・河野通直《みちなお》に重用され、その娘婿となり、一時は河野氏の家督を継承するところまでいった人物である。結局、河野一族の反発で家督相続は実現しなかったものの、その後も河野氏の重臣として強い力を持っていたので、永禄六年（一五六三）、毛利元就は通康に自分の孫娘（元就の娘と宍戸隆家《ししどたかいえ》のあいだに生まれた長女）を嫁がせている。

以後、来島氏は毛利氏の配下に入り、毛利水軍の一翼を担うようになるが、天正九年（一五八一）、次の当主・来島通総《みちふさ》はにわかに織田信長に通じて、毛利氏と河野氏に叛旗《はんき》を翻《ひるがえ》した。そして、公然と小早川水軍や因島・能島衆の拠点を襲い始めたのである。

これに対して毛利水軍は猛反撃をおこない、来島城に大軍で襲来したため、ついに支えきれなくなった通総は、同城から離脱して黒田官兵衛（如水《じょすい》）のもとへ逃れ、羽柴秀吉の扶持《ふち》を受けた。

やがて、秀吉が毛利氏と和睦したため、天正十三年、来島通総は伊予に戻ることができた。その後、秀吉の四国平定では、伊予国の制圧に黒田官兵衛隊の先鋒として抜群の働きを見せ、その戦功で秀吉より一万四千石を与えられ、大名に取り立てられたのである。このおり、通総の庶兄《しょけい》（異母兄）であった得居通幸《とくいみちゆき》も三千石を賜り、秀吉の直臣になった。

以後、来島氏は豊臣大名として九州平定、小田原平定、朝鮮出兵に活躍していくことになった。

しかし、朝鮮出兵において、来島氏は危機を迎える。文禄の役で、庶兄の得居通幸が亡くなり、慶長の役では、当主の通総自身も命を落としてしまったのだ。

兄・通総を守ることができなかった弟の村上彦右衛門吉清は、失望と悲しみのあまり、通総に殉じようとした。だが、加藤嘉明《かとうよしあきら》に強く諌《いさ》められて思いとどまり、通総の嫡男康親《やすちか》を補佐していくことを決意した。

康親は、このときまだ十七歳であった。

豊臣秀吉によって、康親は来島家の相続を許され、当主として来島水軍を指揮することを命じられた。若年ではあったが、ただちに現地へ赴き、叔父・彦右衛門の補佐を受けながら、部下を指揮してよく敵軍と戦った。

西軍の大敗を予期していた

慶長五年（一六〇〇）、東西両軍に分かれての天下分け目の合戦、関ヶ原の戦いが起こる。

このとき、村上元吉《もとよし》や宍戸景世など河野氏の旧臣たち（村上水軍）は毛利軍に属しており、東軍についた加藤嘉明の伊予の松前《まさき》城に迫って、降伏を求めたという。当時、嘉明自身は徳川家康の会津征伐に従って不在であり、弟である内記や重臣堀部主《しゅ》膳《ぜん》らが城の留守を守っていた。

城方は、「明日には必ず降伏する」と毛利軍に伝えたが、これは相手を油断させる策略であって、その夜、三津浜《みつはま》に陣を敷いていた毛利軍に夜襲をかけたのである。

これにより混乱した毛利軍は、加藤軍に大敗を喫して壊滅し、将士の多くが討たれてしまった。毛利方の宍戸景世は、残兵をまとめて応戦しつつ撤収するとともに、来島氏に救援を依頼した。そこで来島水軍が三津浜に来航し、すみやかに敗兵を収容した。つまり、来島康親も、西軍方（反家康派）についていたわけである。

なぜ康親は、西軍に荷担したのか。

それは、西軍の総大将となった毛利輝元との関係からだといわれている。来島氏は、通総のときにはいったん毛利氏と対立したものの、毛利一族とは代々婚姻を重ねており、その絆から西軍に味方したものと考えられる。

ともあれ関ヶ原合戦前、康親は早々に大坂城へはせ参じ、木津川《きづがわ》河口の警備を担っていたようだ。これに対し、別動隊として行動していた康親の叔父・彦右衛門《ひこえもん》が率いる来島水軍は、関ヶ原で東西両軍が激突する三日前の九月十二日、桑名《くわな》に到着した。

そして翌日、彦右衛門はそこから関ヶ原に着陣している西軍の毛利隊のもとへ赴いた。まずは、安国寺恵瓊《あんこくじえけい》（毛利輝元の軍師）の陣中に入ったところ、安国寺は「この一両日中に合戦があろうというのに、我が軍は油断してしまっており、このままでは負けてしまうだろう」と、彦右衛門に不満を口にしたという。

状況を確かめるため、さらに彦右衛門は、安国寺隊の左翼に陣取っていた毛利秀元《ひでもと》の陣へ向かった。

秀元は、穂井田元清《ほいだもときよ》（毛利元就の四男）の長男で、実母は来島通康の娘だった。一時は子供のいなかった毛利宗家の輝元《てるもと》（秀元の従兄《いとこ》）の養子となったこともある。その後輝元に実子・松寿丸《しょうじゅまる》（秀就《ひでなり》）が生まれたことから、継嗣《けいし》を固辞して別家を興《おこ》し、二十万石の大名になっていた。

いずれにせよ、来島康親の叔母の子にあたり、彦右衛門とは叔父・甥の関係だった。そこで彦右衛門は、はっきりと秀元に戦の勝敗を尋ねてみた。すると秀元も「味方が敗北するだろうから、それを覚悟しておく必要があろう」と語ったのである。

実は、毛利隊の先鋒として秀元の前方に陣取っている吉川広家《きつかわひろいえ》（輝元の従弟《いとこ》）は、徳川家康に内通して合戦時に部隊を動かさない約束をしていた。

実際、関ヶ原合戦当日、秀元がいくら催促しても、ついに広家は一兵たりとも動かさなかった。この結果、秀元はまったく前進できず、さらにこの動きを不審に思った安国寺恵瓊、長束正家《なつかまさいえ》、長宗我部盛親《ちょうそかべもりちか》ら諸将も動かなかったため、眼下で激戦が展開されているのに、毛利勢は傍観することになってしまったのである。これが、西軍の敗因の一つになったのは間違いないだろう。

すでに合戦の数日前から安国寺や毛利秀元は、うすうすこのような動静を感じ取っていたようだ。

名門水軍一族、九鬼氏の明暗

一方、来島水軍と同じく、代表的な海賊として九鬼《くき》氏が知られる。この九鬼氏も、天下分け目の合戦において数奇な運命をたどることになる。

康親の叔父・彦右衛門は、西軍の水軍として伊勢、志摩方面で行動していたが、彦右衛門らが主に戦ったのは、九鬼長門守守隆《ながとのかみもりたか》の水軍だった。

九鬼氏は、信長時代に志摩を領有する三万五千石の大名となり、その死後は豊臣秀吉の水軍の中核として九州平定や小田原平定、さらには文禄の役でも活躍した。そういった意味では、来島氏とは同僚だった。

実は、織田信長の配下として怖れられた九鬼水軍は、関ヶ原の合戦において、一族が東西に分裂していた。父親の嘉隆《よしたか》が西軍に味方したのに対し、息子の守隆は東軍についたのである。

慶長二年に、九鬼氏の当主であった嘉隆は隠居し、嫡男の守隆が家督を相続した。

守隆は秀吉が死ぬと、五大老の筆頭である徳川家康に接近し、慶長五年六月におこなわれた家康の会津遠征に随行していた。

翌月、周知のとおり石田三成や毛利輝元らが挙兵する。すると、隠居していたはずの嘉隆が、自分と同じ熊野《くまの》水軍出身であり娘婿の新宮《しんぐう》城主・堀内氏善《ほりのうちうじよし》の説得に応じて、西軍についたのである。

これを知った家康は、すぐに九鬼守隆を呼びつけ、「このたび御身（お前）の父大隅（嘉隆）は石田治部《じぶ》（三成）と同心し、謀叛《むほん》の由、急ぎ鳥羽へ参り、大隅が首はねて見すはし」（『志摩軍記』）と命じたのだった。

事実を知って驚いた守隆は、家康の命を受け、自分の父親の首をはねるため、会津遠征軍から離脱して故郷の伊勢・志摩へ向かったのである。戻ってみると、嘉隆は守隆の居城・鳥羽《とば》城を占拠してしまっている。そこで領内に入った守隆は、父親に投降をすすめたが、嘉隆は頑としてそれを受け入れなかった。

このため守隆は鳥羽城を包囲するとともに、家康に対する忠節を示すため、西軍についた桑名《くわな》城主・氏家行広《うじいえゆきひろ》と海戦を繰り広げ、奪った首級十三を家康のもとへ送った。家康はこの行為を喜び、九月七日に守隆へ感状を与えた。

ただ、鳥羽城を包囲して攻撃をはじめた守隆だったが、これに対して嘉隆は一弓をつがへど矢の根なし、鉄砲をうてども玉こめず、防ぐばかり」（『志摩軍記』）とあるように、矢に矢尻をつけず、鉄砲は空砲を撃ち、もっぱら防戦に終始した。

しかし守隆のほうは、そうはいかなかった。というのは、東軍の池田輝政の家臣・石丸雲哲が軍監（目付）として在陣していたからだ。そこで仕方なく実弾を用いたものの、かなり緩慢《かんまん》な戦い方をしたようだ。

だが、九月十五日に関ヶ原合戦で東軍が完全に勝利したことが伝わると、状況は大きく変わった。嘉隆が鳥羽城から密かに脱出したのだ。その後、堀内氏善の新宮城へ向かったが、すでに城は東軍の幸山一晴によって奪取されていた。このため嘉隆は、志摩国の答志島《とうしじま》へ隠れた。守隆はこれを探知したが、あえてこの島を攻撃しなかったという。

まもなく関ヶ原合戦の論功行賞がおこなわれ、守隆には南伊勢五郡二万石が加増されることになった。しかし守隆は、加増分の二万石と引き替えに父嘉隆の赦免を家康に懇願した。そこで、家康もその哀願を受け入れ、嘉隆への赦免状を守隆に渡したのである。

しかし、守隆がこの知らせを父親の嘉隆に送ったとき、すでに嘉隆は死んでしまっていた。家臣の豊田（戸井田）五郎右衛門《ごろうえもん》が、将来のために嘉隆に切腹を勧めたのだといわれる。嘉隆は覚悟を決め、慶長五年十月十二日、潮音寺の末寺・洞仙庵で腹を切ったのである。これを知った守隆は、「驚嘆泣血淋凜《きゅうけつりんり》」（『鳥羽誌』）と悲嘆にくれ、怒りのあまり豊田五郎右衛門を捕らえて竹鋸《たけのこぎり》引きの刑に処したという。

九鬼氏は、天下分け目の合戦に際して親子で東西に分かれて矛《ほこ》を交え、最終的には父親が犠牲になるという悲劇を生んだが、嘉隆が潔く責任をとったことで家康の心証を良くし、九鬼氏は二万五千石を加増され、五万五千石の大身となれたのである。

このように、名門水軍一族の九鬼氏は、天下分け目の合戦において危機におちいりながらも、大名として生き残り、明治維新まで存続している。

福島正則の威光を借りた助命と復活

では、西軍についた来島氏は、関ヶ原での大敗にどう対処したのだろうか。

合戦前日の十四日早朝、彦右衛門ら来島隊は、関ヶ原を発って四日市《よっかいち》に着いたが、十六日になって関ヶ原合戦における西軍の大敗を長束正家の使者から告げられた。そのため、ただちに大坂城へ戻ることになった。

東軍は関ヶ原合戦で勝利をするとそのまま大坂へと迫り、来島氏の屋敷へも攻め入る状況になった。そこで、来島康親の重臣・大林太兵衛は、康親の義父にあたる福島正則《まさのり》の屋敷に駆け込み、その旗印《はたじるし》を二本借り受け、一本を門前に掲げた。正則は東軍に属して抜群の軍功をあげており、福島家の威光を借りて東軍の乱暴狼藉《ろうぜき》を防ごうとしたのである。

さらにもう一本の旗印は、田坂長助が密かに伊勢に潜んでいた彦右衛門に届け、彦右衛門一行は福島家の旗印を船首に掲げ、堂々と大坂に入ってきたという。このように、東軍での福島正則の威力は、絶大であった。

なお、康親自身も、こっそりと福島正則のもとに行き、その庇護《ひご》を求めた。

康親が福島正則を頼ったのには、わけがある。

康親の正室・玄興院は、福島正則の養女だったのである。彼女は、水野久右衛門忠正の娘、正則にとっては実の姪でもあった。つまり康親は、こうした縁故を頼ったわけだ。

とりあえず康親は、急いで国元伊予に戻ることにした。だが、この大混乱のさなか、家臣団はみな逃げ散り、屋敷にとどまった者は、男女あわせて十数名だったと伝えられる。なんとも薄情な家臣たちである。

ただ、当主の康親は当年二十歳。数え年だから、現代でいえばまだ大学一年生ぐらいである。そんな若輩の失領大名についていっても、とうてい将来が明るいとは思えない。

それに、この大戦で西軍についた九十三家が領地を失うことになったが、その分の土地は新たに東軍の大名たちに下賜《かし》されているわけで、とくに東軍についた豊臣系大名は大幅に加増されたため、新たな家来の雇用が大量に必要になった。

そういった意味では、有能であればいくらでも就職先はあったのである。つまりは、売り手市場だったわけだ。そうしたことから、少しでも文武の才があれば、よほどの忠義心が無いかぎり、康親のところにとどまる物好きはいなかった。

なお、康親は国元へ戻るという当初の方針を変更した。西軍に荷担したため、本領を没収されてしまったからである。このため、いったん京都の伏見に潜み、福島正則に口添えをしてもらったうえで、佐和山《さわやま》城主になった井伊直政《いいなおまさ》（徳川四天王の一人）に家康への取りなしを依願しようと、佐和山まで赴いた。

井伊直政は関ヶ原合戦のとき東軍の軍監であったが、家康の息子で娘婿にあたる松平忠吉《ただよし》を連れて先鋒を抜けて敵に突入し、戦端《せんたん》を開いたと伝えられる。だが、合戦で受けた傷がなかなか癒えず、慶長七年（一六〇二）二月、直政は死去した。

わざわざ佐和山城へ赴いた来島康親だったが、こうした事情から直政には対面することがかなわなかった。

そこで、再び大坂へこっそりと戻り、福島正則に身元引受人となってもらい、今度は家康の寵臣《ちょうしん》であった本多正信《ほんだまさのぶ》を頼って、御家再興運動を展開した。康親の大名復活には、豊臣家の家老だった片桐且元《かたぎりかつもと》も協力してくれたという。

かくして慶長六年九月、康親は豊後国《ぶんごのくに》内で新たに一万四千石を下賜《かし》されることになった。

ただ、これが決まるまでの一年間は、本当に苦労の連続だったようだ。

康親は、旧知の伏見の町人・源左衛門の支援を受けながら御家再興運動を進めたが、本多正信への多額な依頼金などで来島家の資産はたちまち尽きてしまい、家臣の太兵衛が自分の家を売却しなくてはならない状況におちいってしまったという。

苦心する家臣集め

いずれにしても、ようやく念願がかなって大名に復帰できた康親だったが、このたび新たに与えられた領地は、玖珠《くす》郡を中心に日田《ひた》郡、速見《はやみ》郡などに広がっていた。

康親は、お国入りに先立って家臣の浅川六助に先遣《せんけん》を命じ、その準備を進めさせた。そして自身は、福島正則の新領地・安芸国《あきのくに》広島へと赴いた。この地でバラバラになった家臣たちを呼び集めようとしたのである。

大林太兵衛と田坂長助は、さまざまなところへ便りを出して旧臣を募った。とくに多くの家臣が移籍していた藤堂高虎のもとには、福島正則の重臣で康親の正室・玄興院の実父であった水野久右衛門が直接書簡を送り、来島氏旧臣を帰参させてくれるようたのんだと伝えられる。

だが、数か月間広島に滞在していたものの、康親のもとに集まってきたのはわずか三十人程度だった。ここまで家臣が集まらなかった理由は、いったい何なのだろうか。

一つには、先に述べたように、当時は加増された大名家が大量に家来を雇用しており、超売り手市場だったことがあげられよう。

だが私は、康親の叔父で、この若き君主を補佐し続けてきた彦右衛門が、玖珠へついていかなかったことが大きな理由のような気がしている。

慶長の役で来島氏の当主・通総が戦死し、にわかに康親が家督を継いだ。まだ少年であり、家臣も康親に対して忠義心を持てなかったはず。そうしたなかで、彦右衛門がそんな康親を奉じて、実質的に来島氏を統率してきた。その彼が康親から離れたことを、旧臣たちは心もとなく思い、召集に応じなかったのではないだろうか。

なお、彦右衛門が康親と行動をともにしなかった理由は明らかではないが、もしかしたら、成人した康親との間に何かしらの対立が生まれたのかもしれない。あるいは、康親が彦右衛門を煙たく思うようになった可能性もある。

いずれにせよ、彦右衛門はそのまま広島にとどまって福島正則に仕えたのである。今までの戦功や実力が正則に認められてのことだと思われる。

ちなみに彦右衛門は、福島氏が改易された後、今度は徳川御三家の一つ紀州藩に取り立てられ、四千二百石を与えられて同家の家老となっている。彦右衛門が極めて有能な人材であったことがわかるだろう。

彦右衛門は、七十六歳の長生を保って寛永十五年（一六三八）に死去した。

さて、このたび康親が賜った石高は、約一万四千石。当時の軍役は一万石につき二五〇人程度だったので、およそ三百五十人ほどの家来を抱えなくてはならない。そうはいっても、いつまでも広島にとどまっているわけにはいかない。そこで康親は、仕方なくいったんこの人数で拠点とする玖珠郡に入ることに決め、その後、旧領主の旧臣や土豪たちを現地採用する方針をとった。

晴れて入領したものの……

慶長六年（一六〇一）末、来島康親は新領の豊後国《ぶんごのくに》に入った。

この地にには、角牟礼城《つのむれ》という見事な山城が存在していた。

この城は天正十四年（一五八六）、島津義弘《よしひろ》が豊後国に侵攻してきた際、玖珠郡衆が支配していたが、島津の大軍に囲まれ攻撃されても、ついに落城することはなかったという。その後、当時の領主大友氏の手から離れた角牟礼城は、毛利高政《たかまさ》の持ち物となった。この高政が、同城を見事な石垣を持つ近世城郭《きんせいじょうかく》に変貌させたのだった。

不思議なことに、そんな名城が領内にありながらも、康親は入城しなかった。しかも、使用しないくせに破壊することもせず、城の土塀《どべい》は修復していたのである。

この奇妙な行動についての理由だが、康親は一度失領した身分であるため、自分の立場をわきまえ、あえて名城に入らず、簡素な陣屋で我慢したのではないだろうか。

もちろん、一万四千石という石高では、広大な角牟礼城の維持は経済的に困難であり、なおかつ、山城は政務をとるのに不便だという事情もあったのかもしれない。

しかし、それではなぜ、角牟礼城を破却しなかったのかという疑問が残る。それはおそらく、万が一の合戦などに備え、籠城のために壊さなかったのではないだろうか。

いずれにせよ、康親は、森村《もりむら》と称する家数が十数軒しかない地域に、陣屋《じんや》（大名の居所）と家臣たちの屋敷をつくりはじめることに決めたのである。その構造は、陣屋の周囲を武家屋敷で囲み、さらにその先の南と東に町人地を配置するものだった。そして、陣屋が森《もり》という地名の場所に置かれたため、来島領はのちに森藩と呼ばれるようになった。

家臣団は浅川六助を総奉行、高田勘兵衛と二神《ふたがみ》長右衛門を家老とする体制をとった。

かくして、ようやくこれから藩の運営を軌道に乗せていこうとした矢先、来島康親はまだ三十一歳という若さで死んでしまったのである。

慶長十七年（一六一二）三月二十五日のことであった。関ヶ原合戦からちょうど干《え》支《と》が一回りした年であった。

再びおとずれるピンチ

来島康親の人生を振り返ってみると、やはり、縁故やコネによって運命を左右されたことがよくわかる。

関ヶ原合戦では、安芸の毛利氏と深い親類関係にあったがために、西軍に身を投じなくてはならなくなり、没落の憂き目に遭っている。ただ、幸いにも、東軍の福島正則とも縁が深かったことで、改易の一年後に大名として復活した。

しかし、来島康親の亡き後、再び来島家は窮地におちいることになる。今度は、その福島正則との縁故が、かえって仇《あだ》となるのである。

康親亡き後の当主は、嫡男の通春《みちはる》だった。通春は父の死去により、わずか六歳で家督を相続した。このため大坂の陣では、通春は兵庫まで出向いて納屋三左衛門の屋敷を本陣とし、重臣の大林多兵衛らが八百人以上の兵を率いて堺まで出兵したが、その兵の多くを福島氏から借りるほど、来島氏と正則の関係は相変わらず濃密だった。

しかし、そんな福島正則が失脚するのである。

家康が死去した後、将軍秀忠は、福島正則を危険な敵対者と見なし、元和《げんな》五年（一六一九）に広島城の石垣を無断修築した罪で所領を没収した。信濃国川中島《しなののくにかわなかじま》四万五千石を再交付したものの、翌年、嫡男が早世したことを理由に二万五千石を削り、寛永元年（一六二四）に正則が没すると、さらに二万石を公収し、正則の子・正利《まさとし》にはわずか三千石しか与えず、徳川家の旗本に組み込んでしまったのである。

正則が失脚したとき、来島通春は、まだ十四歳だった。

この知らせが京都にいた通春に届き、正則に連座して切腹処分が下るかもしれないという噂が来島家を駆け抜けている。

このため通春は、自家の安泰をはかるため、名城である角牟礼城を取り壊し、さらに「来島」の姓を「久留島《くるしま》」に改めるなど、涙ぐましい努力をした。

幸い、すばやい対応によって通春にはなんのお咎めもなかったが、このようにコネで復活した来島氏は、コネのために一時身を危うくしたのである。

ただ、一万四千石の小大名が生き残るためには、それでも縁故やコネによって巧みに世を渡っていくほかすべはないわけで、そのあたりは、現代のサラリーマンや中小企業の経営者と通じるところがあるだろう。

第五章　己の矜持を貫く

不敗の名将　立花宗茂

今も柳川に根づく立花家

福岡県柳川市に「御花《おはな》」という老舗料亭旅館がある。

もともと「御花」は、旧柳川藩主・立花《たちばな》家の別邸であった。

明治時代に建てられた本館には、和風の大広間があり、その広さはなんと百畳、外に目を転じると国の名勝に指定されている庭園「松濤園《しょうとうえん》」が広がっている。なんたる贅沢《ぜいたく》であろうか——。

この「御花」を料亭、旅館として興《おこ》したのは、立花家十六代当主・和雄氏だという。現在も立花家が経営し、柳川の人気旅館・料亭として多くの人が訪れている。

このように、旧大名家が家の資産を活用して事業に成功し、地元で繁栄している例は数少ない。

なぜなら大名家は、明治維新後に華族となったものの、経済力は千差万別であり、世間的体面を保つための出費で困窮する家も少なくなかった。第二次大戦後には華族制度が廃止になって事業を興すにしても資金不足であったり、経営手腕がなく失敗するなど、没落したケースが多いからである。

だから四百年以上も柳川の地で繁栄しているのはすごいことなのだ。ただそれもすべて本編の主人公であり、立花家の当主であった立花宗茂《むねしげ》の復活のドラマがあればこそなのだ。

不敗の名将とうたわれた百戦錬磨の立花宗茂が、天下分け目の関ヶ原合戦で初めて負け、すべてを失ってもなお、復活した。しかも、旧領に返り咲いたのは、わずか数名の復活大名のなかで、宗茂ただ一人である。

そんな偉業をなしとげられたのは、単なる戦さ上手だけでは語れない訳がある。今回はそんな復活劇の真相に詳しく迫ってみたいと思う。

島津攻めで生まれた秀吉への恩

立花宗茂が、関ヶ原の戦いで西軍に身を投じたのは、ひとえに亡き太閤秀吉の厚恩に奉じるためであった。

天正十三年（一五八五）、立花家の当主、立花道雪《どうせつ》が死去すると、養子の宗茂が名実ともに立花家のトップに立った。立花氏は、豊後《ぶんご》の大大名・大友宗麟《そうりん》の重臣だったが、この時期の大友氏は薩摩の島津氏や佐賀の龍造寺《りゅうぞうじ》氏の侵略を受け、存亡の危機に立たされていた。

そこで大友宗麟は、翌天正十四年、恥を忍んで大坂城の豊臣秀吉のもとを密かに訪れ、救援を請うたのである。このときの秀吉は、畿内や北陸、四国を平定し、中国の毛利輝元《もうりてるもと》も臣従させる巨大勢力に成り上がっていたからだ。

宗麟の要請に応えて秀吉は、九州全土に停戦命令を出した。ところが、これを黙殺した島津氏は、大軍を率いて北上を開始する。

このため、迫り来る島津氏の大軍を前に、さらに大友家臣団の離反が相次いだ。そうしたなかで、宗茂の実父・高橋鎮種《しげたね》（紹運《じょううん》）は最後まで主君のために戦ったが、島津軍に居城の岩屋城を落とされ、同年七月に壮絶な討ち死にをとげてしまった。島津軍はさらにその勢いを駆って、八月初旬に宗茂の守る立花城を包囲した。

島津氏は、「もし降伏すれば、替え地を与える」と打診してきたが、これに対して宗茂は、「自分はすでに秀吉公に人質を差し出して、忠誠を誓っている立場にある。それに秀吉公からは大量の鉄砲を受け取っている。まもなく毛利氏の援軍も来るの

「不敗の名将」立花宗茂（（公財）立花家史料館所蔵）

で、お前たちなどに降伏するつもりはない」と断固拒絶したのである。

立花城は堅城であり、とても数日で落とせる城ではなかった。このため島津軍は、とりあえず筑前や筑後の武将たちに城の包囲を任せ、自分たちはほかの地域へ転進していった。

が、これを見届けた宗茂は兵を率いて、にわかに城から打って出たのだ。そして、敵方の高鳥居《たかとりい》城を攻めつぶし、敵の手に落ちた岩屋城や宝満《ほうまん》城を奪還するという見事な働きをみせたのである。

十月になると、ついに待ちに待った豊臣の大軍が九州に上陸、これにより大友氏は窮地を脱した。もちろん、宗茂も救われるのである。このとき宗茂の心に、秀吉への恩が刻まれたことは想像に難くない。

翌天正十五年五月には、とうとう島津氏も秀吉に降伏した。こうして九州は平定され、争乱は終結を迎えた。

二十一歳で柳川十三万石の大名に

秀吉は、二十一歳の若き宗茂の奮戦を知るや、彼を「九州の一物」、「鎮西《ちんぜい》一」とたたえたという。そして、筑後国山門郡《ちくごのくにやまと》、三潴《みずま》郡、下妻《しもつま》郡、三池《みいけ》郡を与えて大友氏から独立させ、大名として取り立てた。弱冠二十一歳の宗茂を、秀吉は直臣として、柳川十三万石の大身に抜擢したのである。

大友氏の一家臣に過ぎなかった宗茂にとって、大友氏と肩を並べる独立大名に栄達できたことは、涙が出るほど嬉しかったに違いない。以後、宗茂は柳川城を拠点とし、小早川隆景《たかかげ》（毛利一族でのちに豊臣政権の五大老）の与力《よりき》大名として、秀吉の天下統一のために働くことになった。

天正十六年（一五八八）、宗茂は上京して秀吉に謁見し、四位に叙されることになった。しかしそれは、旧主の大友義統《よしむね》（宗麟の子）の五位という地位を越えることになる。さすがに宗茂は「本意にあらず」と固辞した。けれど、その神妙さにますます感じ入った秀吉は、いったん五位を与え、しばらくして四位に格上げしたと伝えられる。

かつての主君より身分を高くしてもらった。この秀吉の配慮に、宗茂の心はますます、秀吉に傾いていったものと思われる。

それからも宗茂は秀吉の寵愛を受け、天正十八年の小田原平定の際には、秀吉から皆の前で、「立花宗茂は、本多忠勝《ただかつ》（家康の重臣）と並んで東西無双の者どもだ」と讃えられた。当代一の猛将忠勝と並び称されたことは、宗茂にとって感無量であったにちがいない。

それゆえ、亡き太閤秀吉が創り上げた豊臣政権を破壊しようとする徳川家康を、立花宗茂が許せるはずもなく、天下分け目の合戦にあって毛利輝元・石田三成ら西軍側に荷担したのは、当然の帰結であった。

このような宗茂の主君への忠誠心は、道雪と紹運という養父・実父二人の父が大きく関係しているのではないかと思う。

二人の父は、先述のとおり大友宗麟の重臣であり、ともに名将であった。宗麟が反対勢力に攻められ、家臣たちがつぎつぎと離れていったにもかかわらず、道雪と紹雲は宗麟のもとで戦い続けた。宗麟は女色に耽《ふけ》るなど、主君として問題を多々抱えていたが、二人は見捨てなかったのである。この主君への忠義を、宗茂は二人の父から受け継いだのであろう。

慶長五年（一六〇〇）六月、家康は会津へ向けて上杉討伐の行軍を開始した。翌月、その隙をついた石田三成が家康の行為を弾劾し、五大老の毛利輝元を大将に奉じて、徳川打倒の兵をあげたのである。

宗茂はただちにこの呼びかけに応じた。通常の軍役なら千三百人程度の人数を出せばよいものを、なんと、国元柳川から四千人を率いて東下したという。このこと一つとっても、宗茂の亡き太閤秀吉への思いがわかる。

家康から五十万石でのスカウト

宗茂は、大軍を引き連れて大坂へ向かう途上、家康からの書状を受け取った。そこには「自分に味方をしてくれたら、おまえに筑前・筑後のうち五十万石を与えようと思う」と記されていたという。これは、現在の知行地の四倍にあたる。それだけ宗茂は、家康にも力量を買われていたのである。

おそらく家康は、朝鮮出兵における宗茂の活躍を評価したのだと考えられる。

このときから七年前の文禄二年（一五九三）正月、朝鮮半島への侵略を開始した豊臣軍は当初進撃を続けていたが、明軍四万が朝鮮軍と合力すると形勢が不利になった。

そこで軍議がなされ、籠城か撤退かで諸将の議論は大きく割れた。このとき強硬に迎撃を主張し、みずから先鋒を希望したのが立花宗茂であった。

軍議は宗茂の要望がそのまま通り、豊臣軍は、迫り来る明・朝鮮連合軍をこちらから迎え撃つことに決定した。

日本の迎撃軍は、小早川隆景軍二万と宇喜多秀家軍二万二千、合わせて四万二千。

驚くべきことに、敵軍は十五万という大軍であった。

だが、先頭の立花軍は猛然と前進して敵の先鋒隊を突き破ってしまった。それどころか、さらに第二陣までもを突き崩す勢いをみせたのだった。

緒戦で活躍した立花隊だったが、その消耗も甚大であり、五百人近い家臣を失ってしまう。そのため宗茂は一時的に戦線から離脱して小丸山に陣取り、小休止をとりつつ態勢を整えていた。

そうしているうちに、やがて日本軍が十五万の敵軍におされ、後退しはじめたのである。

これを見た宗茂は一気に山を駆け下って、敵の横腹に急襲をかけた。この攻撃によって再び戦いの流れが大きく変わり、ついに豊臣軍は、敵大軍の撃退に成功したのだった。

この働きにより、柳川城主・立花宗茂の武勇は、天下に轟《とどろ》くことになったのである。したがって、家康が宗茂に五十万石を提示してきたのも、ある意味、当然のことであった。

だが宗茂は、家康の誘いをきっぱりと断り、亡き秀吉の恩に報いるべく、大坂城に馳せ参じた。

大津城を陥落させたものの……

宗茂は総大将毛利輝元の命を受け、いったん伊勢口の守りについたが、その後、島津義弘とともに美濃国垂井、さらに近江国松本山へと陣を移していった。どうやら、近江国大津城主の京極高次《きようごくたかつぐ》の動向を監視していたようだ。高次は、当初は西軍に加担していたものの、八月末に西軍方の岐阜城が陥落すると、にわかに様子が怪しくなっていた。

予想どおり、まもなく高次は東軍へ寝返り、籠城の態勢に入った。そこで大津城を監視していた宗茂は、ただちにこの様子を大将の毛利輝元に通報した。

そこで輝元は九月初旬、毛利元康（輝元の叔父）を主将とする攻城軍を組織し、大津城を包囲させた。城方三千に対し、攻城軍は一万五千といわれ、宗茂もこの攻城軍に加わった。そして筑紫広門とともに、浜町口から激しく大津城を攻め立てたのだった。

ただ、大津城は琵琶湖を背後にした堅城であり、攻撃してもすぐに落ちず、ようやく十三日の総攻撃によって三の丸と二の丸が陥落、とうとう本丸も危うくなっていった。ここにおいて高次は九月十五日、西軍に降伏を申し出て園城寺で剃髪し、京都の宇治を経て高野山へとのぼった。

こうして西軍は、大津城を手に入れた。だが皮肉なことに、大津が開城した十五日は、ちょうど美濃国関ヶ原で天下分け目の合戦がおこなわれた日でもあった。しかも、数時間のうちに決着がつき、西軍が瓦解してしまったのである。

つまり、大津城攻城軍一万五千は、結果として大津城に足止めされたかたちとなり、大戦に参加できなかったわけだ。

もしもこの軍勢が参戦していれば、関ヶ原における形勢の逆転もあり得たかもしれない。

窮地に追い込まれる

奪取した大津城の守りについていた宗茂は、関ヶ原での味方の敗戦を知るや、ただちに大坂城へと戻った。そして、大将の毛利輝元に対し、「天下の堅城たる大坂城に籠もり、家康に徹底抗戦すべきです」と進言した。

ところが輝元は、「評議したるのちに、お答えいたす」と即答を避けたのである。この返答を聞いた宗茂は「これからいったい何を議するというのですか」と怒ったが、これ以上の言上は無駄だとあきらめたという。

というのも、輝元はこの時点で、家康と通じていた従兄弟の吉川広家《きっかわひろいえ》から「家康殿は、大坂城を無抵抗で開城すれば、毛利家の本領を安堵すると言っている」と知らされていた。だから、完全に戦意を喪失してしまっていたのだ。

輝元のもとを去った宗茂は、今度は五奉行だった増田長盛《ましたながもり》に書簡を出して籠城策を訴えた。ところが、増田はこれを黙殺したのである。

あまりの不甲斐なさにあきれかえった宗茂は、大坂城にいた妻や一族を伴い、大坂から海路柳川に戻り、籠城の構えをみせた。とはいえ、宗茂とて馬鹿ではない。

大坂城に籠もる西軍に、東軍と戦おうとする気概がない時点で、大勢が決したことは理解していた。たとえ城に籠もって抵抗したとしても、近いうちに九州にいる東軍の諸将に攻め込まれ、その先に待っているのは滅亡しかない。

実際、十月二十日になるとさっそく、鍋島直茂が立花領に侵入してきた。

鍋島氏は当初、直茂の息子・勝茂が西軍側について戦っていたが、国元にいる直茂は東軍側につき、家康に兵粮《ひょうろう》を進呈するなど二股をかけていた。

実は天下分け目の合戦では、親子や兄弟で敵味方に分かれる例が少なくなかった。当初、どちらが勝つかわからず、家系を残すためにこうした選択をしたのである。

だが、鍋島直茂は東軍がだんだんと優勢になってくると、関ヶ原合戦の前に息子の勝茂を強引に西軍から引き離すことに成功している。見事な引き際といえよう。このため鍋島氏は、家康から処罰を喰らわなかった。

しかし、鍋島氏としては、少しでも家康に対する心証を良くするため、名将とうたわれた立花宗茂に果敢に戦いをいどみ、徳川家に忠節を示す必要があった。

かくして三潴郡の江上《えがみ》や八院《はちいん》から侵攻してきた鍋島軍と激突した立花軍だが、多数の重臣を失う大きな痛手を受けてしまう。ただ、この敗北は、実ははじめから、ある程度想定されたものだったらしい。もし全力で戦って鍋島軍に完勝してしまうと、家康から徹底抗戦をしたと見なされ、立花氏は間違いなく改易処分になるからである。

だから宗茂は、わずか一千人だけを鍋島軍に差し向け、「敵が侵入してきたから、止むを得ず応戦しただけである」という弁明の余地をあえて残したとされる。なんとも苦しい選択だったが、すでにこうなってしまった以上、宗茂はどうにかして立花の家だけは残さねばならぬと考えていた。

十月二十二日、今度は豊前の黒田如水軍も立花領内に入り込んできた。さらに肥後の加藤清正軍も柳川城下に着陣した。

まさに、絶体絶命といえた。

立花家の存続をかけた降伏

だがこの日、そんな窮地を救う急報が、宗茂のもとに届いた。

実は宗茂は、大坂城の西軍諸将が戦意を喪失しているのを見て、すっぱり考えを改めた。そして、重臣の丹半左衛門尉《たんはんざえもんじょう》を上方に残し、徳川方との交渉にあたらせていたのである。

このあたりは百戦錬磨の宗茂、さすがにソツがない。宗茂は、すぐれた知謀の持ち主で軍略家でもあった。西軍に勝ち目がなくなった段階で、挑戦する姿勢を保ちつつ、裏でさまざまな生き残りの策を仕掛けていたのだ。

徳川との交渉自体はスムースに進み、黒田軍が侵入してきたまさにその日、半左衛門尉が、「宗茂の命を保証する」と明記した家康の朱印状を携えて領内に入ったという知らせが、柳川城に届いたのである。まさに、間一髪であった。

主君である己の身上が保証されたなら、たとえ本領安堵は無理だとしても、立花家が大名として存続するという希望は見えてくる。おそらく宗茂は、ホッと胸をなで下ろしたことだろう。

翌日、無事に半左衛門尉が朱印状を持って柳川城に入った。そこで宗茂は、加藤清正の陣中に宿老の立花賢賀《けんが》を派遣し、家康から命を保証する朱印状を賜った旨を告げ、降伏を申し出たのだった。

宗茂が、加藤清正を頼ったのは、日ごろから清正と懇意にしていたためである。

ただ、巷説のように、二度目の朝鮮出兵（慶長の役）の際、清正の拠る蔚山《ウルサン》城が明の大軍に包囲され、その危機を宗茂が救ったというのはウソである。いつの頃からそんな作り話ができたのかはわからないが、現在もこうした謬説《びゅうせつ》が、あたかも事実のように書かれている。史実の宗茂は、清正を救うどころか、蔚山城の戦い自体に参加すらしていない。ほかの城を守っていたのである。

ともあれ、仲が良かったのは事実らしく、宗茂が西軍に荷担しようとした際、清正は懇切丁寧な書簡を立花城へ送り、その無謀を説いて翻意をうながしている。

かくして清正の仲介で東軍と講和した宗茂は、粛々と柳川城を清正に明け渡した。

伝承によれば、宗茂が柳川城を去るに際し、農民たちが百四、五十人集まって宗茂の行く手を塞ぎ、「御下城遊ばさるゝことご無用に存じ奉るなり」（『名将言行録』）と宗茂を引き止め、「私たちがあなたのために命を捨てる気持ちは、あなたの家臣たちと変わりありません。どうぞ城に残ってください」と哀願したという。

これに対し、宗茂は馬から下りて農民たちに向かい、「何れも申聞けゝる所、満足なり、領内の諸人の為に、下城致すなり」（『前掲書』）と感謝し、「柳川の支配は今後も変わりないので安心せよ。お前たちがこのようなことをすれば、却って私のためにならぬ。さあ、帰るのだ」と説得したといわれる。この言葉に農民たちは声をあげて泣き、とぼとぼと戻っていったと伝えられる。

宗茂が領内に善政を敷いていた事実が、よくわかる逸話であろう。

常に凛とした武将の美学

その後、宗茂は、自らが先鋒となり、西軍方について関ヶ原でともに戦った島津氏を平定すべく薩摩国へと向かった。降伏した武将が先頭に立ってかつての味方を攻めるのは、当時のならいであった。

しかし、同時に宗茂は、島津氏に対して親身に和睦を勧める書簡を送った。そうした甲斐もあって、島津氏も次第に和睦に傾き、ようやく停戦が成立、島津平定軍は撤収することになった。

実は、宗茂は、関ヶ原で西軍の負けがわかって柳川に帰還する途上で、島津義弘の軍と遭遇していた。関ヶ原合戦では同じ西軍に属したが、島津氏は実父紹運を殺した宿敵でもある。

このときの島津軍は、激しい戦いによって多くの部下を失っていた。そんな島津軍を見て、実父の仇《かたき》を討つ機会であると勧める者もいた。しかし、宗茂は即座に「ともに戦った同志であり、かような時に何を言うか」とその意見を退け、かつての宿敵島津とともに九州へ帰還したという。

このエピソードからも、卑怯な振るまいを断じて許さなかった宗茂の武士としての信念が見てとれる。

しかし、島津停戦後の宗茂にはもはや、帰る城がなかった。そこで、その身柄は肥後の加藤清正に預けられることになったが、清正の前に出た宗茂は、まったく普段と変わらない様子をみせた。

清正の家臣たちは、「さすがは宗茂殿だ。どんな強気の大将でも、このような立場に落ちては気後れするものだが、なんとも見事な態度だ」と感嘆したといわれている。

この逸話は、宗茂の大器を示すものであると同時に、「自分は亡き太閤に対する忠節を果たしたまでで、敗北したからといってなんら天に恥じることはない」という宗茂の気概を感じさせる。

立花の名をなんとしても残す

関ヶ原合戦で秀吉に対する恩を果たした宗茂だったが、それによって立花家をつぶしてしまっては、養父・道雪に申し訳が立たない。

先述のとおり、宗茂は戸次《べつき》（立花）道雪の養子に入った人間である。

かつて道雪は、大友宗麟の命を受け、叛旗を翻した立花鑑載《あきとし》を滅ぼし、筑前立花城督として立花城に入った。しかし、道雪に男児がいなかったことから、主君の宗麟は「倒した立花鑑載の子供を養子にして家督を相続させたらどうか」と打診した。けれど道雪はその申し出を断り、天正三年（一五七五）、わずか七歳の誾千代《ぎんちよ》という娘に家督を相続させたのである。主君の宗麟にも正式に認められているが、当時女児に家督を相続させるというのは極めて異例のことだった。

それから三年後、道雪は、初陣でありながら敵将を見事に射殺した少年を、高橋紹運軍の中に見出した。それが後の宗茂であった。道雪はどうしてもこの子が欲しくなり、紹運に頼み込んで宗茂を誾千代の婿として迎え入れたのである。

天正十年、十六歳の宗茂は、姓を戸次から立花へと改めている。

実は、道雪も立花姓を名乗りたかったのだが、そうしなかったのにはわけがある。

そもそも立花氏と戸次氏は、ともに大友氏の一族だった。戸次氏は大友氏の庶流であり、次第に勢力をなくしていった。一方の立花氏は、大友一門のなかでも名門といわれていた。南北朝期、大友貞宗《さだむね》の三男貞載《さだとし》が立花山に城を築き、立花氏と称した。

立花城は、眼下に博多湾を望む重要な場所に位置するため、周防国《すおうのくに》の大内氏や安芸国《あきのくに》の毛利氏との激戦地であった。そのため立花城は、立花氏の居城というより筑前における大友氏の番城であり、豊後から次々と番将や番衆が送り込まれ、立花氏とともにその防衛に当たっていた。そこで宗麟としても、立花城は信頼篤い家臣に任せる必要があり、戸次道雪に白羽の矢が立ったのである。

事実上、立花氏の家督を継承した道雪は、何度も宗麟に「立花の姓を名乗りたい」

と願い出たが、宗麟は自分に謀反を起こした立花鑑載を憎み、それを許さなかったのである。その後、宗麟も道雪に立花姓を認めたが、今度は道雪が主君の気持ちをおもんぱかって、自ら立花を名乗ることをひかえた。

しかし道雪は、宗茂には立花姓を名乗らせた。これはおそらく、家臣団の宥和《ゆうわ》をはかるためだったと思われる。

この時期、道雪配下の家臣団は、大きく三つに分かれていた。戸次氏の譜代家臣、主家から与力として付けられた大友氏の直臣、立花城督の就任にともなって新たに臣従した立花氏の家臣や周辺地域の大友氏の直臣たちである。これらを同格の家臣として統合していくためには、「立花」を名乗る新たな主君の出現が望まれたのだ。

このように、養父・道雪にとって「立花」姓には特別な思いがこもっていた。だから宗茂は、自分がその家名を断絶させてしまうことを、なんとしても避けたいと思ったのである。

そこで宗茂は、このたび西軍についた行動を正直に家康に謝罪し、大名として存続できるよう取りはからってもらおうと大坂へ向かった。合戦で大功のあった黒田長政に家康への仲介を依願したという。が、結局、宗茂の望みはかなわなかった。

関ヶ原合戦から半年が経過した慶長六年三月、柳川領を含む筑後国は、すべて田中吉政《よしまさ》が領することに決定してしまったのである。

吉政は、関ヶ原合戦で東軍に属して岐阜城の攻略に力を尽くし、関ヶ原本戦にも参加し、戦後、石田三成を逮捕するという働きを見せた。このため、十万石から一躍三十二万石を賜り、柳川城に入ったのである。

瓦解する立花家

空しく肥後国に戻った宗茂は、しばらく高瀬というところでわび住まいをしていたが、同年七月、わずかな供回りを連れて再び上方へのぼった。徳川家に対し、御家再興を求めるためであった。

宗茂は、京都に住む豪商・小河彦次郎（富士谷紹務）や大坂の住吉屋藤左衛門、鍋屋吉右衛門の屋敷に逗留しつつ、京都の伏見城や大坂城に来る家康に懇願した。しかし、なかなか色よい返事がもらえないまま、月日だけがむなしく過ぎていった。

宗茂の書簡を読むと、当初はすぐにでも立花家を再興できそうな希望あふれる手紙を家臣たちに送っているが、やがてだんだんと焦りやいらだちが見られるようになり、数年後の手紙には、半分あきらめムードも漂うようになってくる。

しかし、それでも宗茂は、上方を離れようとはしなかった。あきらめきれなかったのだ。

ただ、宗茂は、世に知られた名将ゆえ、加賀百万石の前田家、黒田長政、仙台の伊達政宗などから、高禄で召し抱えたいという誘いがあった。また、加藤清正も客分待遇で宗茂を迎えるつもりだった。けれど、いままで同僚だった者たちの下に立つのは、宗茂のプライドが許さなかったのだろう。その申し出は断ってしまったようだ。

だが、宗茂が上方に滞留している間に、立花家はだんだんと崩壊していった。

慶長七年十月、宗茂の正妻で戸次道雪の娘だった誾千代が、三十五歳の若さで肥後国腹赤《はらか》村で死去した。七歳のときに実父道雪から家督を譲られた誾千代は、自分こそが立花（戸次）家の主であるという意識が強かった。そのためか、宗茂とそれほど夫婦仲が良いわけではなかったらしい。

ちなみに彼女は、天下分け目の戦いのとき、東軍につくよう宗茂に強く訴えたといわれている。結果的に夫は西軍についたので、父が創り上げた立花家を崩壊させたことを怨んでいたのかもしれない。

立花家臣団は、そのほとんどが肥後の加藤清正のもとに預けられていた。彼らも当初は御家再興を期待して、その日が来るのをじっと待っていたが、なかなかそれが実現しないため、中には立花賢賀のように、黒田長政など他家へ転出する家臣も現れはじめた。

実は、立花家臣団を預かっている清正も、家臣が喉から手が出るほど欲しかった。なぜなら、関ヶ原合戦の功績により、二十五万石から肥後一国五十四万石へと領土が倍増したからである。

結局、宗茂も同意したのだろう。加藤家には二百五十人もの立花家の家士たちが召し抱えられることになった。こうして数年のうちに、立花家臣団は瓦解してしまったのである。

離れても慕い続けた家臣

だが、旧臣たちはそれからも宗茂の恩を忘れず、京都で牢人となった宗茂に、しばしば金銭的援助を与えている。

とくに積極的に支援したのが、宗茂から五千石を与えられ、家老をしていた小野鎮《しげ》幸《ゆき》だった。鎮幸は旧立花家臣団の統率役として、不本意ながら宗茂から離れて、加藤家に移籍したと伝えられる。

ただ、やはり新参者は、肩身が狭かったようだ。

小野鎮幸は、槍の達人として有名だったため、清正の重臣である飯田覚兵衛や森本義太夫が酒宴のたび、鎮幸に「あなたの戦功を語ってくれ」と催促したが、鎮幸は遠慮して何も語らなかった。すると加藤家の重臣たちは、「柳川にあっては勇者だったかもしれぬが、熊本では単なる凡庸な男だ」と軽んじるようになった。

鎮幸は、これでは旧主宗茂まで軽んじられることになると案じたようで、次に酒宴が催されたとき、いきなり素っ裸になった。

これをみて、加藤家の重臣たちは仰天した。

鎮幸の全身に、無数の創傷があったからだ。

鎮幸は、一つ一つ傷跡を指し示しては、「これは某合戦のときに受けた傷、これは……」と説明していった。さらに、大友義鎮や立花宗茂から下賜された数多くの感状を披露した。そこには「一番槍」、「城の先頭」、「一番首」などと、鎮幸の武勇を示す文字が躍っていた。

鎮幸は、これを読み終えたあと、加藤家の重臣たちに向かい、「私の微功は、だいたいこの程度のものです。旧主宗茂はしばしば戦いに臨むが、実際に戦闘するのは私たち家臣であって、めったに宗茂公自らが槍をふるうことはありません。それに対して、汝らが主君・清正公は、合戦のたびに十文字槍をふるって戦われ、ついにその片鎌を折られるにいたったとうかがっています。主君でさえ、このように勇猛なのですから、あなたがたは、種々の武功がおありでしょう。今度はどうぞ、あなたがたの武勇談をお聞かせください」

そう述べたのである。これを聞いた加藤家の家士たちは黙りこくってしまい、誰一人、言葉を発するものがなかったという。

きっと同席していた旧立花家臣たちは、胸がすく思いだったろう。

なお、鎮幸には、理財の才能があったようで、加藤家に移籍してからもたびたび宗茂に送金し、その家計を助けたといわれている。

他家へ移った旧臣から、これだけ慕われた失領大名というのも珍しい。すべては宗茂の人徳によるものだろう。

鎮幸は慶長十四年（一六〇九）に死去したというが、のちに宗茂が柳川城主に復帰すると、鎮幸の孫・茂高は最高の禄高で立花家に迎え入れられ、その後、茂高の子・正俊は、重臣として宗茂を支えた。

力を蓄えた牢人時代

しかしながら、この時期、西軍に属して領地を没収され、路頭に迷っていた大名は、立花宗茂だけではなかった。

その多くが、御家再興や再仕官を希望していたのであるが、その願いがかなったのはわずかに数例に過ぎない。ましてや、旧領を回復した例は、立花宗茂ただ一人である。

そのような偉業に成功した要因の一つは、牢人時代の彼の生き方にあったと思える。

この間、彼は単に徳川家に御家再興を懇願するばかりではなく、余暇を利用して自分のスキルを、驚くべき速さで向上させていっている。

宗茂は牢人時代に、中江新八や吉田茂武《しげたけ》から弓術の免許を受けたことがわかっている。また、妙心寺の了堂宗歇《そうけつ》に帰依して、禅の修行にも励んだとされる。このように、心身ともに鍛え、己を磨いているのである。

もともと宗茂は、丸目蔵人佐長恵《まるめくらんどのすけながよし》から剣術の免許を得ており、剣の達人でもあった。さらに後年の記録によれば、連歌や茶道、香道、蹴鞠《けまり》、狂言などに通じていたことも判明しており、おそらくそうした文芸・遊芸に磨きをかけたのは、この牢人時代だったと思われる。

自暴自棄にならず、心身の鍛練に励んだ宗茂。結果としてそれが彼自身の器を大きくし、将軍秀忠や家光の信頼を勝ち得ることになっていくのである。

足かけ六年で大名に復活

慶長十一年（一六〇六）夏頃、立花宗茂は江戸へ下向している。

ちょうどこの頃、徳川家康が伏見城にやって来ている。だから、宗茂に江戸行きを命じたのはどうやら家康だったようである。

宗茂が名将であり、多彩な才能を有した人物だったため、家康は、旗本に登用すれば役に立つだろうと考えたのかもしれない。あるいは、宗茂のほうから伏見城の家康のもとに出向き、自分を雇用してくれるよう依願した可能性もある。

ともあれ、江戸に着いた宗茂は将軍秀忠に拝謁し、以後、秀忠の直臣（大番頭）として五千石で仕えることになった。かつて自分が倒そうとした徳川家へ再就職したのである。

さらに数か月後、五千石を加増され、棚倉《たなぐら》（現在の福島県東白川郡棚倉町）に一万石の地を与えられた。すなわち、ここにおいて宗茂は、大名として復活をとげたのである。

慶長五年に天下分け目の合戦で敗れてから、なんと、足かけ六年の月日が過ぎていた。

きっと、その喜びはひとしおだったろう。

ただ、宗茂は、徳川と敵対したことには、一切後悔していなかった。

『名将言行録』には、徳川御三家の人びとから、大津合戦について尋ねられた際の、宗茂の返答が書かれている。

「私が大津城を攻めたことを、世間では謀反だといっているようですが、謀反とは、主君に背く行為です。かつて立花城を島津氏の大軍に囲まれて孤立したとき、私は主家大友氏の義理のために孤塁を守り抜きました。戦後は、太閤秀吉公より柳川の城を与えられたので、義理のために大津で戦ったのです。今では徳川家の御恩は、山より高く、海より深い。だから、命のあるかぎり、御当家のために義理を果たす所存です。実父や義父の時代から私の代に至るまで、道に背くおこないはしていません」

このように悪びれず、宗茂は堂々と自己の正当性を主張したので、人びとはその態度に感じ入ったという。

その後、宗茂は、将軍秀忠の身辺警護などを担ったが、慶長十五年までにさらに加増され、領地は三万石にまでになった。こうした状況を見た旧臣たちは、宗茂のもとに集まってきた。

いったん加藤家へ仕官した者たちも、立花家へ戻りたいと願ったようだ。が、これに関しては宗茂が清正に遠慮し、それを認めなかった。しかし、慶長十六年に清正が急死すると、立花家への異動が加速し、かなりの数が宗茂のもとへ移ったとされる。なお、それでも足りなかったので、不足分については、新たに家臣の取り立てをおこなっている。

同年、宗茂の実母・宗雲院《そううんいん》が死去した。大名に復帰できた息子の晴れ姿を目にできたのだから、彼女もきっと幸せだったろう。

しかし、このとき宗茂はすでに四十五歳になっていた。残念ながら新たな正妻や側室には子供ができなかった。もし嗣子《しし》を決めずに死去すれば、立花家は再び改易処分になってしまう。せっかく家が再興できたのに、そんなことになれば元の木阿弥である。

そこで宗茂は、翌慶長十七年、弟の高橋直次の生まれたばかりの四男忠茂《ただしげ》を養子としたのである。

大坂の陣での活躍

こうして宗茂の人生が好転してきた慶長十九年、徳川家と豊臣家の戦争が勃発する。そう、大坂冬の陣である。

翌年の大坂夏の陣で、宗茂は将軍秀忠に従って上洛している。ただ、自らはあまり戦いに参加せず、むしろ秀忠に近侍して、参謀として活躍した。

『名将言行録』によると、大坂夏の陣の際、宗茂を秀忠に付属させたのは、家康だったという。家康は側近の本多正信に対し、「秀忠年若なれば、律儀にして功の入りたる年盛の者、相談の向ふ座になくては成らざるものなり」と述べ、正信に命じて宗茂を指名し、秀忠に付属させたという。

陣中において宗茂は、秀忠に本陣の設置場所など、さまざまなアドバイスをして秀忠を助けた。実は宗茂は、大友宗麟の参謀・軍師であった立花道雪から軍略や戦術の手ほどきを受けるとともに、源義経が衣川で認《したた》めたとされる兵法を記した軍書をはじめ、さまざまな戦略などを研究していた。このような宗茂の実力を見込んで、家康はこの男を息子の補佐役に選んだのだろう。

実は秀忠や本多正信は、この戦いにおいて、肥後の加藤家や安芸の福島正則が大坂の豊臣方に寝返ることを心配していた。

宗茂のために力を尽くしてくれた清正は、慶長十一年に急死していた。彼は、合戦では東軍についたものの、最後まで主君は秀頼だと思い続けていたとされる。福島正則も、立場は加藤家と同様であった。

だからこそ、秀忠や正信は、彼らをよく知る宗茂に、「奴らは謀反すると思うか」と質問したのである。

これに対して宗茂は、「確かに旧主豊臣家に弓を引くことは、はばかられますが、これは時勢の流れなのです。加藤・福島両家が裏切るはずはありません。そもそもそうした野心があれば、豊臣恩顧の大名であるこの私に、必ず相談があるはずです。もし相談がくれば、私が道理を説いて、彼らを思いとどまらせるつもりです。それでも承知しなければ、福島だろうが加藤だろうが、相手を逃さずに必ず刺し違えます」そう断言したのだった。

この毅然とした態度に、おそらく秀忠は参ってしまったのだと思う。大坂夏の陣の後、秀忠は立花宗茂をいっそう信頼して重用するようになった。

家康の宗茂評

実は秀忠という人は、極端に人の好き嫌いがあったようだ。好きな者は徹底的に愛し、嫌いな者は容赦なくつぶす。それが彼のやり方だった。

家康のように、清濁合わせのみ、たとえ気に喰わぬ奴でもうまく用いたり、泳がせておく度量の広さは持たなかった。

たとえば家康は、宗茂のことを心底信用していなかったし、どちらかといえば嫌っていたようだ。

それは、本多正信に、秀忠の参謀として宗茂をつけよと命じた際の言葉でよくわかる。「立花は左《さ》のみ心易《やす》くすべく者にはなけれども、弓箭執《きゆうせんとり》て巧者なり、殊に物を改変せぬ気立なれば、今度秀忠談合相手に」（『名将言行録』）とあるからだ。

つまり家康は、「宗茂は、あまり親しくすべき人間ではない」としながらも、「武術の腕前や気立てがいいので、戦の相談相手にするがよい」と、たとえ嫌いな人間であっても、相手の才能を認めているのである。これは、なかなかできることではないだろう。

さらに家康は夏の陣後、秀忠や正信から宗茂の活躍を聞くと、「秀忠へ、立花には懇意之あるべく候、然《しか》れども十五万石より上の大名に為しては、如何に心易くとも軽くあらはれぬ者なり、其心得あるべき」（『前掲書』）と、宗茂を重用しても、領地は多く与えるなと警告しているのだ。さすが、天下人になるだけのことはある。

秀忠によるおびただしい大名統制

さて、秀忠の話に戻ろう。

大坂夏の陣の翌年、家康は死去する。七十五歳であった。これにより、名実ともに将軍秀忠が幕府の実権を握ったが、秀忠が本性を見せるのは家康が死んでわずか二か月後のことである。いきなり実弟の松平忠輝《ただてる》の領地を没収し、伊勢国朝熊に配流《はいる》したのである。大坂の役の際、忠輝の部下が幕府の旗本を殺害し、忠輝は傍観を決め込んだため、家康存命中に、謹慎を申し渡されてはいた。それにしてもいきなり配流とは、ずいぶん厳しい処分だ。

しかし秀忠は、将軍の直属たる旗本を軽んじた行為は身内といえども許さぬと、あえて新将軍の力を誇示するため、見せしめとしたのだ。秀忠を凡庸な男だと軽んじていた諸大名の意識は、この処分によって一変したことだろう。

翌元和三年（一六一七）五月、秀忠は諸大名に改めて領地を安堵する朱印状を発した。日本全土の領有権は将軍にあり、唯一自分こそが国土を自由に与奪できるということを認識させたのである。

さらに将軍秀忠は、家康が死ぬとすさまじい大名の統制に乗り出した。とくに、今まで目の上のたんこぶであった福島家、加藤家など秀吉子飼いの武将一家の所領を、次々と没収したのである。

福島家と加藤家は、関ヶ原合戦での戦功によって、禄高が倍増した家であった。

しかし、もともと家康は、彼らの石高を倍増するつもりはなかったのである。

徳川の精鋭部隊を率いた秀忠の軍隊が、真田昌幸の上田城攻めに足を取られて遅参したため、結局、家康とともに行動した東軍の豊臣系外様大名（秀吉子飼いの武将）たちの活躍を許してしまい、結果として、彼らに大禄を与えざるを得なくなったのである。

このため徳川家は、幕府を開いてからも、関ヶ原で勝った大禄の外様大名たちの脅威を抱え続けることになってしまった。

しかし、大坂の役が終結し、反徳川勢力を結集できる豊臣家という象徴が消滅したことで、秀忠は安心して秀吉の子飼いたちを次々とつぶしていくことができ、その政治権力を盤石にしたのだ。つまり、これにより十数年前の関ヶ原への遅参という大失態を挽回できたわけだ。

最終的に秀忠がつぶした大名家は、なんと四十一家。石高にして四百三十九万石に達した。石高だけで見るとつぶした数は家康（関ヶ原合戦を除く）や家光を上回っている。しかも、対象は外様だけでなく、親藩や譜代大名にも広く及んでいるのだ。

改易だけでなく、転封も多い。とくに経済都市大坂を直轄とし、周辺に譜代を配置する目的で、何人もの大名を転地させた。

はじめて譜代を備後国に置き、西国大名の監視を強化したのも秀忠だった。また、改易・転封の跡地が重要な場合、必ず譜代・親藩を配置するという戦略を展開した。浅野家が去った和歌山に弟の頼宣《よりのぶ》を配置して、紀伊藩を創設したのが典型だろう。取りつぶすだけでなく、大名を盛んに創出したのも、その治世の特徴である。ただし、新設のほとんどが譜代層だった。

いずれにせよ秀忠は、こうした大名統制策により、将軍の権威を飛躍的に高めたのである。

柳川城主に返り咲く

秀忠の代で失領した福島家や加藤家に引きかえ、関ヶ原合戦で領地をすべて失った立花宗茂は、秀忠の信頼を集め、驚くほどの栄達を見せた。

元和《げんな》二年（一六一六）には、秀忠の「御伽衆《おとぎしゅう》」に抜擢されている。このとき、宗茂とともに選ばれたのは丹羽長重や細川興元《おきもと》など、いずれも歴戦の兵たちであった。

「御伽衆」は四人一組となり、隔日に将軍のもとへ伺候し、昼夜側にいて、さまざまな逸話や回想談、人生訓などを紹介するのである。

それから四年後の元和六年八月、田中吉政が江戸で死去した。前述のとおり、吉政は、宗茂に代わって柳川城に入った人物であった。吉政は嗣子なくして没してしまったため、田中家はあっけなく改易処分となった。

これに代わって新たに柳川城主となったのは、そう、立花宗茂だった。見事、旧領に復帰したのである。しかも与えられた石高は約十一万石。なんと、三万石の大名から一気に四倍ちかくに領地は膨れあがり、ほぼ、関ヶ原合戦以前と同じ規模になったわけだ。

どれほど将軍・秀忠に信頼されていたかが、よくわかるだろう。

こうして翌年二月、宗茂は新地へ下向し、およそ二十年ぶりになつかしき柳川城に入った。

柳川城は、田中吉政の大規模改修によってかなり変貌していたが、城から眺める城下の景色は昔のままだったと思われる。

この風景を目にした宗茂は、きっとこれまでの苦労を思い、感無量となって一人涙したことだろう。

九月には連歌会を催して再封を祝い、翌年、再検地の結果にしたがって家臣団に対し、知行充行状を出している。

前述のとおり、二十年前に柳川城を明け渡して出ていく際、自分のことを泣いて止めてくれた農民たちがいた。彼らも祝いにかけつけたが、このとき宗茂は彼ら一人一人に声をかけたという伝承が残っている。

これが計算だったか否かは不明ながら、こうした往年の行為により、旧柳川藩主田中氏改易で動揺する民心も安定したのではないだろうか——。

秀忠・家光に愛された老将

新地の支配体制がある程度整った元和七年秋、宗茂は柳川を後にして江戸へ向かった。そして、将軍秀忠に謁見して礼を述べ、その後、十一歳になった跡継ぎ・忠茂の元服式を将軍の御前にて執行させてもらった。

それからの宗茂は、秀忠から譜代並みの扱いを受け、京都や日光、他大名の屋敷など、秀忠がどこへ行くにも陪従するような状態になり、ほとんど領国柳川に戻ることもできなかった。

しかしながら、いまの宗茂が十万石の大名として将軍に陪従できているのは、すべて徳川秀忠のおかげだった。宗茂はこうした厚恩に対し、大坂城や江戸城の普請では、財を傾けて懸命に尽くした。

寛永六年（一六二九）、宗茂は上屋敷を忠茂に譲り、新たに建てた下屋敷に移った。これは、隠居への第一段階であった。すでに宗茂は六十三歳になっていた。

翌年、忠茂が永井《ながい》尚政《なおまさ》の娘と結婚する。この頃から藩政の権限や重臣たちも忠茂に移行させている。

寛永九年、将軍徳川秀忠が死去した。まだ五十四歳の若さであった。

もしもこの人が存在しなければ、宗茂は柳川城主に復帰することはなかったろう。だから秀忠が重篤になったとき、宗茂は毎日のように江戸城へのぼったという。

自分を重用してくれた秀忠の死は、宗茂を大いに悲しませたことであろう。

さて、その後の宗茂である。将軍秀忠の死によって、悠々自適の余生を送ったかといえば、まったくそうはならなかった。

なぜなら、秀忠以上の寵愛を、新将軍の家光より受けたからである。

これは非常に珍しいケースだといえた。

家光は、父の秀忠を憎んでおり、父親がつくった日光東照宮を破壊して、新たに家康の東照宮を創ったり、「自分は、家康に次ぐ二代将軍だ」と豪語したり、秀忠が愛した三男の忠長（家光の弟）を自殺に追い込んだりしていた。

家光が父親を憎んだのには、ワケがある。

秀忠の次男（長男は早世）として生まれた家光は、最初から将軍になる予定の人物ではなかった。最有力候補は、三男の忠長だったのだ。

なぜなら忠長のほうが兄の家光より聡明で、秀忠の正妻お江与に溺愛《できあい》されていたからだ。それを家康が、長幼の順を重んじ、家光を将軍にすえるよう秀忠に示唆したことで将軍になれたのである。

だから、父親が寵愛した宗茂は、退けられていてしかるべき老将だったのだが、やはり宗茂が知謀にすぐれた名将であり、学芸にも秀でていたためだろうか、家光は親を慕うように宗茂を慕い、秀忠以上に、どこへ行くにも宗茂を伴った。

老齢の宗茂は、忠茂によく手紙でそうした近況を知らせたが、文中にたびたび「草臥《くたび》れ申し候」という言葉が出てくる。しかしながら、そう記しても、年老いた自分を慕ってくれることが嬉しくもあったようで、同時に「忝《かたじけ》なき仕合わせ」という文言が多出する。いわゆる嬉しい悲鳴というやつだ。

寛永十三年、宗茂は完全に引退した。ただし幕府が認めた正式な隠居は、宗茂が剃《てい》髪《はつ》した寛永十五年のことだとされる。いずれにせよ、それからも死ぬまでの六年間、宗茂はずっと家光に連れ回されることになる。

七十二歳、最後の出陣

寛永十四年（一六三七）、九州で大変な事態が起こった。

島原藩主・松倉重政《しげまさ》と天草地方を領する唐津《からつ》藩主・寺沢堅高《かたたか》の苛政《かせい》が原因で、島原・天草地方で大規模な農民一揆が発生した。世に言う、島原の乱である。

この戦いには、宗茂の跡継ぎ・忠茂も攻城軍に加わっており、前年十二月二十日には、陣取っていた浜の手から三の丸を攻撃した。だが、重臣の立花鎮実《しげやす》を含む五十四名もの死者と、負傷者四百人余りを出してしまう。

これを知った江戸の宗茂は忠茂を気遣い、夜も寝られない状態になったという。

一方、幕府軍の大敗を知った将軍家光は、九州の諸大名全員に、帰国して島原の乱を平定するように命じたのである。総大将は「知恵伊豆」と呼ばれた松平信綱《のぶつな》である。そしてなんと、その一員に、七十二歳の立花宗茂の名も含まれていた。

かくして宗茂は、寛永十五年二月六日に着陣する。

二月半ばになると、機が熟してきた。一揆勢の遺体を裂いても、腹の中からは海草しか出てこず、食糧が尽きたことが判明したのである。

そこで幕府軍は軍議を開き、二月二十六日をもって総攻撃をおこなうことに決めた。だが当日は大雨となり、決行は二日後の二十八日に延期された。

ところが二十七日、鍋島勝茂隊が軍規を無視して抜け駆けしたのだ。仕方なく信綱は、全軍に進撃を命じた。城は翌日陥落し、城内にいた一揆勢はことごとく殺され、ここに島原の乱は鎮圧された。

立花隊は、細川隊とともに力闘した。このおり宗茂は戦いの軍略を立てたというが、一揆勢の夜襲を見抜くなど、その采配は充分冴えていた。しかし、この戦での被害は甚大で、百二十八名の死者と三百七十九名の負傷者を出した。

そこで、島原の乱鎮圧後、総大将の松平信綱の作戦指導を巡り、批難が起こった。このとき宗茂は家光に、「信綱は若年ではあるが、勝ちを焦らず、無用の犠牲を避け、立派に大将の任を果たしました」と報告した。宗茂が信綱を守り、武将として評価したことで信綱への批判が消え、家光はますます宗茂を信頼したという。

名将没す

三月四日、宗茂は柳川に凱旋した。国元に戻るのは十数年ぶりのことであった。だが、滞在はわずか一月程度で、すぐに宗茂は江戸に戻っていった。

同年九月、将軍家光は立花宗茂の屋敷を訪れた。将軍の来臨を受けるのは、非常に名誉なことであった。家光は屋敷の池に舟を浮かべて網で魚をとり、夜までゆったりと過ごしたという。これほど機嫌が良い家光を見たことがないというほど楽しそうであった。大変満足したのだろう、家光は自ら指していた脇差《わきざし》をその場で宗茂に下賜した。

立花邸は面白かったとみえ、家光は翌年にも再び屋敷を訪ねている。

なお、家光はまるで父親のように宗茂を敬愛し、寒いだろうといって頭巾《ずきん》を与え、貴人の前でかぶることを認めている。さらに、品川東海寺に遊びにいった際、陪従した宗茂に杖を与えている。

ただ、さすがの名将も年には勝てず、寛永十七年頃から体調が悪化していった。胃がんだったという説もある。視力も急激に低下していったようだ。やがて血尿も現れ、湯治しても効果はなく、家光のところに顔を出すのが困難な状況になっていった。

家光は何度も使いを派遣して宗茂を見舞わせるとともに、よほど淋しかったようで、毎日、周囲の者たちに宗茂の病状を尋ねていたと伝えられる。

寛永十九年夏になると、ついに立ち上がるのも困難な状況となり、十一月二十五日、江戸において死去したのである。七十六歳だった。

なぜ宗茂は旧領を取り戻せたのか

それにしても、関ヶ原合戦ですべての領地を失いながら、一人立花宗茂だけがなぜ、旧領に復帰することができたのだろうか。

その理由は、複数あげられるだろう。

この宗茂という男が、かずかずの戦いで戦功をあげている名将だったこと。なおかつ、軍略や戦術など深い軍事知識を有していたこと。そうした「武のスキル」が、まだ安定しない徳川政権のなかで必要とされていたのだろう。実際、この能力は、大坂の役で十分発揮されたことは、先述のとおりである。

さらに、武の道だけではなく、茶道や連歌、香道や蹴鞠といったように、芸術や文芸の分野で深い教養を有していたことも、徳川家に取り立てられた大きな要因の一つだと思う。別項で述べた上田重安や細川幽斎のように、武人としてだけでなく、風雅の道にも通じていることが、当時は今以上に尊敬される時代だった。武将たちのあいだに、こうした教養人に学びたいという強い願望が存在したからである。

さらに、宗茂の性格をあげることができる。彼は裏表がなく、人に愛される性格だったという。領民たちや家臣に慕われ、加藤清正に敬愛され、徳川秀忠・家光に頼りにされた。

そんな他人から愛される性格だったからこそ、宗茂に関わる人びとは、彼のために行動したいと思い、実際そう動いたのではないだろうか。

また、このような性格は、周囲の複雑な人間関係のなかでもまれたことで、さらに磨かれたのではないかと思っている。

宗茂は、立花道雪の養子であった。また、その娘・誾千代がいったん家督を道雪から与えられたものだから、自分が当主のような気持ちになっていた。さらに、宗茂の家臣は、さまざまなところからの寄せ集めだった。こうした一族や家臣団をうまく統率していくために、宗茂という人は常に人間関係に気を配り、それが誰からも愛されるという性格になったのではないかと考える。

後年、宗茂は「戦は兵の多少に依らず、一和の兵に之なくては、何程大人数たりとも、勝利なきものなり、道雪以来、我等に於ても、少人数にて度々大利を得たり。是は兵の和故《ゆえ》なり、其一和の元は平日懇《ねんごろ》にするに在り、一言の義にても、身を捨るものなれば、大将たる者心得べきことなり」（岡谷繁実著『名将言行録』岩波書店）と述べている。

これを意訳すれば、「戦いというのは、兵の数ではない。大人数であっても、兵が団結していなければ勝つことはできない。私はたびたび少人数で勝利を得てきたが、それは家臣たちが団結していたからだ。その秘訣は、日ごろから家臣に親しく接してやることに尽きる。それによって家臣たちは、主君のために命を捨てようと思うものなのだ」という意味である。

このように、チームワークの重要性を説くところを邪推すれば、それだけ宗茂が家臣たちの結束に苦労したという証だろう。

しかし、そこで苦労したからこそ、人心掌握のすべを身につけ、部下の能力を引き出して勝利に導く真のリーダーの資質を身につけることができたのではないか。

しかし、やはり宗茂復活の最大の要因は、どんな状況においても、自分のなかにある道義を貫いたからではないか。

下剋上の世において、多くの武将が損得を秤《はかり》にかけて右往左往するなか、宗茂という男は、主君の恩義に報いるために戦い抜いた。愚直なまでに明快なこの信念を貫くことは、本当に難しい。だからこそ、宗茂のこの美学が光り輝き、人をひきつけるのだろう。

忠義一徹の真の武将として、どんな状況にあっても己の矜持《きょうじ》を貫き生き抜いた。このことこそが、宗茂がただ一人、旧領に復活できた要因であると私は考えるのである。

結　彼らが復活した理由とは

関ヶ原合戦ですべてを失いながら、見事に大名として復活をとげた男たち——丹羽長重、上田重安、木下勝俊、岩城貞隆、新庄直頼、滝川雄利、来島康親、立花宗茂——八名の復活劇を詳しく見てきた。

なぜ彼らは、敗者としてすべてを失っても、また大名に復帰することができたのか。

そこには、いくつかの理由があった。

一つは、余人をもって代え難い特殊な技能を身につけていたことである。

立花宗茂は、家康が舌を巻くほどの軍略家であり、丹羽長重はすばらしい築城術を有していた。当時流行した茶道や作庭にすぐれていたのは上田重安だった。

もう一つ、武将として「勇猛であること」が大事な条件であった。

立花宗茂、丹羽長重、滝川雄利などは、いずれも歴戦の将であった。岩城貞隆や上田重安は、大坂の役で力戦して抜群の軍功をあげた。やはり、戦に臨んで功績を残せる力量を持っている人間が、この時代には必要とされたのであり、いくら知謀や特殊技能があろうとも、弱将に決して認められることはなかったのである。

もちろん、現代と同じように、コネや縁故も重要な要素の一つであった。

たとえば、来島康親が大名に戻れたのは、福島正則の養女を妻にしていることが大きかった。新庄直頼も、家康との旧交のおかげで復活することができた。とくに家康との人間関係の「粗密」が、命運を分けるカギになっていることは確かだといえる。

しかしながら、それより重要なことがある。

それは、「決してあきらめない」ということだ。

立花宗茂や岩城貞隆は、大名として復活するまでに多くの月日を要している。その間、宗茂は多くの大名から家臣にならないかと誘いを受け、貞隆も兄の佐竹義宣から秋田に来いと誘われている。こうした人間関係を用いて、彼らが大大名の重臣として万石以上の大名に復帰する道もあったはず。

しかしながら、宗茂と貞隆は妥協しなかった。そうした誘惑を敢然とはねのけ、どんなに苦しくとも、独立大名として復活する日を信じて、徳川家に再仕官して実直に仕事に励んだのだった。このように、己の矜持《きようじ》を保ち続けた結果、まさしく夢は現実のものとなったのだ。

かくのごとく、人間というのは一度くらい失敗しても、復活できるものなのである。

関ヶ原での失領大名たちの復活戦は、現代でも十分通用する生き方ではないだろうか。

一度失敗した人が復活するカギは、人にないスキルを持つことであり、人間関係を広げておくことであり、積極的に仕事をこなして成果を出すことである。

しかしながら、それにも増して重要なことは、復活の日を信じて決してあきらめないことだといえよう。あきらめさえしなければ、必ずやその願いは実現するものなのである。

河合　敦

参考文献一覧

○丹羽長重

二本松市史第一巻（二本松市）二本松市史第四巻（二本松市）小松市史（新修小松市史編集委員会）棚倉町史（棚倉町教育委員会）加賀市史（加賀市史編纂委員会）白河市史（白河市教育委員会事務局）松任町史（松任町役場）名将言行録（岡谷繁実著 岩波文庫）

○上田宗箇

武将茶人上田宗箇と桃山文化（徳島市立徳島城博物館）三百藩家臣人名事典6（新人物往来社）上田家家政史料集成（広島市教育委員会）国史大辞典（吉川弘文館）

○木下勝俊

木下長嘯子の生涯（宇佐見喜三八著 発行者前田勇吉）長嘯子新集（古田幸一編 古典文庫）長嘯子新集（津田修造編 古典文庫）国史大辞典（吉川弘文館）

○岩城貞隆

木島平村誌（木島平村誌刊行会）東北中世史〈岩城氏とその一族の研究〉須藤春峰著（白銀書房）岩城町史（岩城町教育委員会）磐城平藩政史（鈴木光四郎著）佐竹氏秋田藩の台所（渡部景一著 無明舎出版）国史大辞典（吉川弘文館）

○新庄直頼
麻生の文化（麻生町教育委員会）麻生町史（麻生町史編さん委員会）織田信長家臣人名辞典（谷口克広著　吉川弘文館）
○滝川雄利
鈴鹿市史（鈴鹿市教育委員会）津市市史（津市役所）国史大辞典（吉川弘文館）
○立花宗茂
立花宗茂（中野等著　吉川弘文館）武士道史伝立花宗茂（白河鯉洋著　発行者岡村庄兵衛）棚倉町史（棚倉町教育委員会）名将言行録（岡谷繁実著　岩波文庫）歴史街道・立花宗茂（二〇〇九年九月号　ＰＨＰ研究所）立花宗茂（河村哲夫　西日本新聞社）国史大辞典（吉川弘文館）
○その他
図説　関ヶ原の合戦（白木正編　岐阜新聞社）

切りとり線

★読者のみなさまにお願い

この本をお読みになって、どんな感想をお持ちでしょうか。祥伝社のホームページから書評をお送りいただけたら、ありがたく存じます。今後の企画の参考にさせていただきます。また、次ページの原稿用紙を切り取り、左記まで郵送していただいても結構です。

お寄せいただいた書評は、ご了解のうえ新聞・雑誌などを通じて紹介させていただくこともあります。採用の場合は、特製図書カードを差しあげます。

なお、ご記入いただいたお名前、ご住所、ご連絡先等は、書評紹介の事前了解、謝礼のお届け以外の目的で利用することはありません。また、それらの情報を6カ月を越えて保管することもありません。

〒101-8701（お手紙は郵便番号だけで届きます）
祥伝社新書編集部
電話03（3265）2310
祥伝社ホームページ　http://www.shodensha.co.jp/bookreview/

★本書の購買動機（新聞名か雑誌名、あるいは○をつけてください）

＿＿＿＿新聞の広告を見て	＿＿＿＿誌の広告を見て	＿＿＿＿新聞の書評を見て	＿＿＿＿誌の書評を見て	書店で見かけて	知人のすすめで

★100字書評……逆転大名 関ヶ原からの復活

名前

住所

年齢

職業

河合 敦　かわい・あつし

1965年、東京都生まれ。青山学院大学文学部史学科卒業、早稲田大学大学院教育学研究科(日本史専攻)博士課程単位取得満期退学。高校教諭を経て、多摩大学客員教授、早稲田大学非常勤講師、歴史作家。第17回郷土史研究賞優秀賞、第6回NTTトーク大賞優秀賞等を受賞。「世界一受けたい授業」などテレビ出演も多数。著書に『ニュースがよくわかる日本史 近現代編』『晩節の研究』など。

逆転大名《ぎゃくてんだいみょう》 関《せき》ヶ原《はら》からの復活《ふっかつ》

河合《かわい》 敦《あつし》

2019年8月10日 初版第1刷発行

発行者……………………辻 浩明
発行所……………………祥伝社《しょうでんしゃ》
〒101-8701 東京都千代田区神田神保町3-3
電話 03(3265)2081(販売部)
電話 03(3265)2310(編集部)
電話 03(3265)3622(業務部)
ホームページ http://www.shodensha.co.jp/

装丁者……………………盛川和洋
印刷所……………………萩原印刷
製本所……………………ナショナル製本

Printed in Japan ISBN978-4-396-11576-0 C0221

〈祥伝社新書〉
歴史に学ぶ

366
はじめて読む人のローマ史1200年
建国から西ローマ帝国の滅亡まで、この1冊でわかる!
東京大学名誉教授 本村凌二

168
ドイツ参謀本部 その栄光と終焉
組織とリーダーを考える名著。「史上最強」の組織はいかにして作られ、消滅したか
上智大学名誉教授 渡部昇一

379
国家の盛衰 3000年の歴史に学ぶ
覇権国家の興隆と衰退から、国家が生き残るための教訓を導き出す!
渡部昇一 本村凌二

541
日本の崩壊
日本政治史と古代ローマ史の泰斗が、この国の未来について語り尽くす
東京大学名誉教授 御厨 貴 本村凌二

351
英国人記者が見た**連合国戦勝史観の虚妄**
滞日50年のジャーナリストは、なぜ歴史観を変えたのか。画期的な戦後論の誕生!
ジャーナリスト ヘンリー・S・ストークス

〈祥伝社新書〉
経済を知る

111
超訳『資本論』
貧困も、バブルも、恐慌も　マルクスは『資本論』の中に書いていた！
神奈川大学教授
的《まと》場《ば》昭《あき》弘《ひろ》

343
なぜ、バブルは繰《く》り返されるか？
バブル形成と崩壊のメカニズムを経済予測の専門家がわかりやすく解説
久留米大学教授
塚崎公義

498
総合商社
その「強さ」と、日本企業の「次」を探る
なぜ日本にだけ存在し、生き残ることができたのか。最強のビジネスモデルを解説
専修大学教授
田中隆之

478
新富裕層の研究
日本経済を変える新たな仕組み
新富裕層はどのようにして生まれ、富《とみ》のルールはどう変わったのか
経済評論家
加《か》谷《や》珪《けい》一《いち》

503
仮想通貨で銀行が消える日
送金手数料が不要になる？　通貨政策が効《き》かない？　社会の仕組みが激変する！
信州大学教授
真《ま》壁《かべ》昭夫

〈祥伝社新書〉
古代史

370
神社が語る古代12氏族の正体
神社がわかれば、古代史の謎が解ける！
歴史作家 関 裕二

415
信濃が語る古代氏族と天皇
日本の古代史の真相を解く鍵が信濃にあった。善光寺と諏訪大社の謎
関 裕二

469
天皇諡《し》号《ごう》が語る古代史の真相
天皇の死後に贈られた名・諡号から、神《じん》武《む》天皇から聖《しょう》武《む》天皇に至る通史を復元
関 裕二 監修

456
古代倭王の正体
海を越えてきた覇者たちの興亡
邪《や》馬《ま》台国《たいこく》の実態、そして倭国の実像と興亡を明らかにする
古代史研究家 小林惠《やす》子《こ》

535
古代史から読み解く「日本」のかたち
天孫降臨神話の謎、邪馬台国はどこにあったのか、持統天皇行幸の謎ほか
国際日本文化研究センター教授 倉本一宏
マンガ家 里中満智子

〈祥伝社新書〉
中世・近世史

278
源氏と平家の誕生
なぜ、源平の二氏が現われ、天皇と貴族の世を覆《くつがえ》したのか？
歴史作家 関 裕二

501
天下人の父・織田信秀
信長は何を学び、受け継いだのか
信長は天才ではない、多くは父の模倣《もほう》だった。謎の戦国武将にはじめて迫る
戦国史研究家 谷口克広

442
織田信長の外交
外交にこそ、信長の特徴がある！ 信長が恐れた、ふたりの人物とは？
谷口克広

565
乱と変の日本史
観応の擾乱、応仁の乱、本能寺の変……この国における「勝者の条件」を探る
東京大学史料編纂所教授 本郷和人

527
壬申の乱と関ヶ原の戦い
なぜ同じ場所で戦われたのか
「久しぶりに面白い歴史書を読んだ」磯田道史氏激賞
本郷和人